Henri BAILLIÈRE

Autour

d'une Source

✝

PARIS

J.-B. BAILLIÈRE et FILS

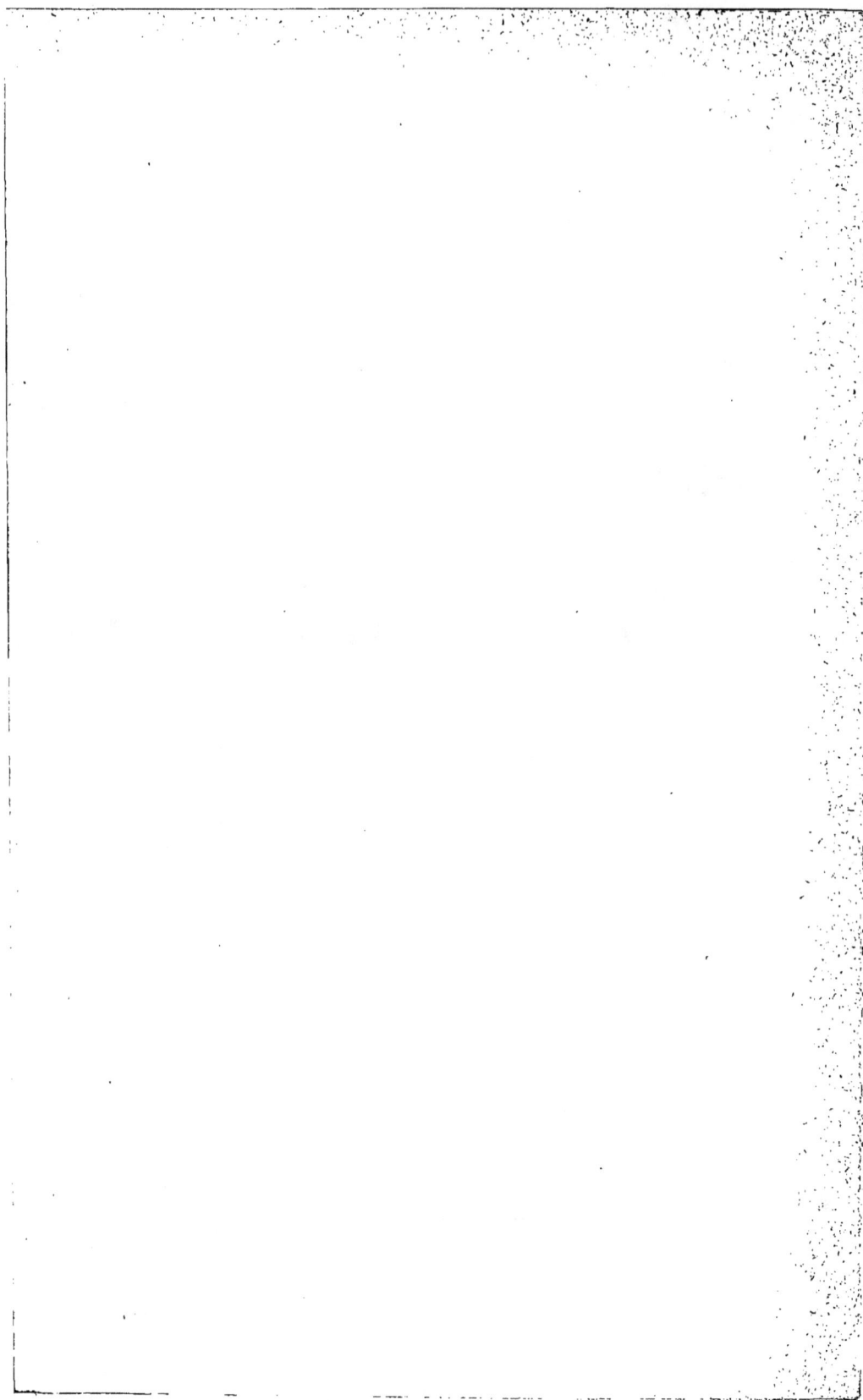

Autour d'une Source

DU MÊME AUTEUR

DE L'ADOPTION ET DE LA TUTELLE OFFICIEUSE, DE LA PUISSANCE PATERNELLE.
Thèse pour la licence, Faculté de droit de Paris. Paris, 1862, in-8,
132 pages.

EN ÉGYPTE, ALEXANDRIE, PORT-SAÏD, SUEZ, LE CAIRE. Journal d'un tou-
riste. Paris, 1867, 1 vol. in-8, 352 pages, avec une carte. (Tiré à
100 ex. numérotés.)

HENRI REGNAULT, 1843-1871. Paris, 1872, 1 vol. in-16, 102 pages, avec
un dessin à la plume.

Henri BAILLIÈRE

ANCIEN JUGE AU TRIBUNAL DE COMMERCE DE LA SEINE
MEMBRE DE LA SOCIÉTÉ DE L'HISTOIRE DE PARIS
ET DE LA SOCIÉTÉ HISTORIQUE DU VIᵉ ARRONDISSEMENT

Autour

d'une Source

La Fontaine des Vaux d'Or

La Sente de Saint-Cloud à Suresnes

La Tourelle de la Porte de Saint-Cloud

J.-B. BAILLIÈRE ET FILS

19, rue Hautefeuille, Paris

1900

Ce livre ne sera pas mis dans le commerce.

AVANT-PROPOS

Autour d'une source raconte l'histoire d'un petit coin des environs de Paris pendant près de trois siècles, de 1607 à 1900, — un bien petit coin, car le récit tient tout entier entre la Fontaine des Vaux d'Or, et la Tourelle de la Porte de Saint-Cloud à Suresnes; il se déroule le long des 1050 mètres du chemin qui s'est appelé longtemps *Sente qui conduit de Saint-Cloud à Suresnes* et qui s'appelle aujourd'hui *Rue de la République*.

Commencée comme passe-temps d'un curieux, cette étude s'est poursuivie et achevée comme nécessité de la part d'un propriétaire désireux de ne pas laisser méconnaître ses droits.

Le problème se posait ainsi : quelles étaient, au

commencement du xvııᵉ siècle, les limites qui sépa-
raient le territoire de la Seigneurie de Saint-Cloud et
le territoire du bourg de Suresnes? Je n'avais pour
point de départ qu'une affirmation, émanée d'un haut
et puissant personnage de l'époque, M. le Cardinal
Pierre de Gondi, Évêque de Paris et Seigneur de Saint-
Cloud : il avait dit, dans un acte de donation, qui porte
la date du 1ᵉʳ juillet 1607, que les sentiers qui vont
de la Fontaine des Vaux d'Or à la Tourelle de la Porte
de Saint-Cloud à Suresnes sont *tous* sur le territoire
de la Seigneurie de Saint-Cloud (1). J'en concluais
que la Seigneurie de Saint-Cloud s'étendait jusqu'à la
Porte de Suresnes.

Je suis heureux de constater que mon enquête,
après de longues et patientes recherches, m'a donné
des résultats aussi nets et aussi précis que je l'avais
désiré.

En effet, à côté du document capital de 1607, j'ai
trouvé nombre de renseignements, qui m'ont confirmé
dans ma manière de voir, et qui, je l'espère, porteront
la conviction dans l'esprit de ceux qui voudront bien
les lire avec soin.

J'en suis donc resté à l'affirmation première de
M. le Cardinal Pierre de Gondi : au commencement

(1) Voy. ce document, p. 53.

du xvii° siècle, le territoire de Suresnes ne s'étendait pas au delà des murs et de la Porte du Bourg.

Chemin faisant, j'ai rencontré quelques faits ayant trait à l'histoire de Suresnes, et à l'histoire de l'Abbaye de Saint-Germain-des-Prés, qui avait à Suresnes droit de haute, moyenne et basse justice : il y a là des détails qui m'ont paru assez curieux, et que je me suis bien gardé de passer sous silence.

A côté du problème de géographie historique, se posait un autre problème juridique. Quel était le caractère de la donation faite en 1607 par M. le Cardinal Pierre de Gondi ? Était-ce un simple droit de voirie, une permission précaire et révocable ?

Sur ce point, j'ai obtenu complète satisfaction : la première chambre de la Cour d'appel de Paris (22 décembre 1899) a reconnu et constaté que la donation, faite à mes auteurs, avait constitué à mon profit un droit réel et de servitude.

Ce sont tous les documents historiques et juridiques se rattachant à cette double question que je publie: j'ai pensé que ceux qui s'occupent de l'histoire des environs de Paris ne liraient pas sans quelque intérêt les pièces que j'ai pu rassembler ; elles sont empruntées soit à mes titres de propriété, soit aux collections

publiques des Archives nationales et du Département
des Estampes de la Bibliothèque nationale, et sont
en très grande partie inédites (1).

Pour mieux faire revivre ces souvenirs du passé,
j'ai fait reproduire par la photogravure le portrait de
M. le Cardinal Pierre de Gondi, l'acte de donation de
1607 et un plan de Suresnes en 1676; j'ai ajouté
quelques vues modernes des localités dont je parle.

Je dois exprimer ma reconnaissance à tous ceux
qui m'ont aidé dans ce travail, soit pour me faciliter
la recherche des documents et la lecture des vieux
parchemins, soit pour me prêter le concours de leur
talent de photographes.

---

(1) J'ai toujours respecté dans les documents que j'ai publiés les
orthographes souvent bizarres, quelquefois contradictoires que j'ai
rencontrées.

HENRI BAILLIÈRE.

15 avril 1900.

AUTOUR D'UNE SOURCE

I. — LE TERRITOIRE DE SURESNES

Suresnes est une commune du canton de Puteaux, arrondissement de Saint-Denis ; elle est située sur la rive gauche de la Seine, au pied du mont Valérien ; elle compte 9 057 habitants et a une superficie de 336 hectares (1) : c'est, à ce point de vue, une des plus petites communes du département de la Seine.

Son territoire a d'ailleurs toujours été de peu d'étendue.

La légende — cette voix prophétique de l'histoire vraie — raconte que saint Maurice et saint Leufroy avaient à se partager le domaine qui correspond aujourd'hui aux communes de Nanterre et de Suresnes.

Saint Maurice était à cheval, il couvrit une vaste étendue de terrain et se l'appropria : ce fut Nanterre.

Saint Leufroy, au contraire, était à pied et chaussé de sabots, il ne put couvrir qu'un très petit espace : ce fut Suresnes. Il eut même la malchance de perdre un de ses sabots, à l'endroit où se trouve aujourd'hui le lieu dit *les Hautes Nouvelles* ; saint Maurice profita de l'accident arrivé à son compagnon pour gagner du

---

(1) *Bulletin du Ministère de l'Intérieur*, 1889.

terrain ; de là, l'encoche formée par le territoire de Nanterre sur le territoire de Suresnes.

Puisque nous sommes en pleine légende, profitons-en pour raconter encore un haut fait de saint Maurice, qui se rattache à l'histoire de Suresnes.

Saint Maurice portait sur son dos une grande hotte remplie de terre ; fatigué de son lourd fardeau, il en laissa tomber la moitié et forma ainsi la butte Montmartre ; l'autre moitié servit à faire le mont Valérien, mais il n'avait pas complètement épuisé sa provision de terre : il s'avança vers l'endroit qui s'appelle encore aujourd'hui, à Suresnes, le *Pas de Saint-Maurice* et finit de vider sa hotte, ce qui constitua le petit monticule, voisin du mont Valérien, et désigné depuis sous le nom de *la Motte*.

Si nous quittons ces récits fabuleux pour arriver à l'histoire, nous voyons que Suresnes était une terre seigneuriale, lorsqu'elle fut donnée, en 918, par le Roi Charles III dit le Simple, à Robert, comte de Paris et abbé de Saint-Germain-des-Prés.

Voici dans quels termes fut faite cette donation :

Donavimus et subjecimus dicioni ejus et fratrum sibi commissorum villam in pago Parisiacensi Surisnas nuncupatam, cum sua integritate (1).

C'est assez clair, le Roi donne *villam* et rien de plus. Quelle différence avec l'abondance des termes qu'avait employés Charles II dit le Chauve, lorsqu'en 871 il avait donné Rueil aux Religieux de Saint-Denis.

---

(1) Dom Bouillart, *Histoire de l'abbaye royale de Saint-Germain-des-Prez*, Paris, 1724, page xxii.

La ville de Rueil, avec toutes les dépendances, sans en rien réserver, non pas même les maisons et ménages d'habitants, avec les terres labourables, tant celles qui sont en friche, les vignes, les champs, les bois, les prés et les pacages, les eaux et leur cours, les moulins et les forteresses des Excises, comme aussi pareillement la seigneurie, propriété et toute justice (1).

En 1062, le village de Suresnes fut érigé en paroisse (2) et cette concession fut confirmée par Geofroy, Évêque de Paris, en 1070, et par Pascal II en 1100.

Le territoire ne paraît pas s'être beaucoup accru pendant les cinq siècles qui nous séparent du moment où les abbés de Saint-Germain-des-Prés firent le dénombrement de leurs terres.

Voici le premier dénombrement de la terre de Suresnes que nous avons rencontré, il remonte au 5 juillet 1521 (3).

La Seigneurie, contenant 5 arpens à plain fond de terre, assis au bout et commencement du dit village de Suresnes, clos à murs.

Une autre maison à plusieurs côtés, corps d'hostel, assise au village de Suresnes, et près de ce que dessus.

Une autre maison, assise près de ce lieu, à plusieurs travées, en la quelle sont les deux fours banniers du dit lieu de Suresnes.

5 arpens de vigne 1/2, en plusieurs pièces.

11 arpens de terre, en plusieurs pièces, montant et avalant environ 5 septiers de grain de moisson.

---

(1) Archives nationales, d'après J. Jacquin et Duesberg, *Rueil, le château de Richelieu*, Rueil, 1845, p. 156.

(2) *Pouillé général des abbayes de France.*

(3) Archives nationales, LL, 1042, fol. 109.

20 arpens d'isles, en deux pièces, étant assis sur la Rivière de Seine, qui sont souvent renversées de la dite Rivière, et qui peuvent bien valoir chacun an, quand elles ne sont pas noyées, environ 10 à 12 charetées de foin, qui coûtent beaucoup à enlever et recueillir des isles.

Au bas, sont marqués les droits seigneuriaux sur tout Suresnes, c'est-à-dire sur la partie du terrain, limitée par l'Archevêché, Ste Geneviève et St Denis.

Un autre état, dressé en 1611, sous l'abbatiat de Henri II de Bourbon (1), démontre que les abbés de Saint-Germain-des-Prés ne possédaient alors rien en dehors du village de Suresnes, ni comme propriétaires, ni comme seigneurs. D'ailleurs, dans les documents de cette époque, il n'est jamais question de la *Seigneurie de Suresnes*; on parle toujours du *Prieuré*, de la *Prévosté*, de la *Chastellenie de Suresnes*.

Charles IX, qui régna de 1560 à 1574, permit aux manants et habitants de Suresnes, par lettres patentes du 9 novembre 1569, de faire enclore de murs le village; ces lettres furent produites au cours d'un procès survenu entre le syndic Nicolas Paté d'une part et demoiselle Coulon et dame De Vert d'autre part, au sujet des murs de clôture de Suresnes (2).

A partir de 1625 ou 1630, les abbés de Saint-Germain-des-Prés ont considérablement augmenté leurs domaines du côté de Saint-Cloud. On trouve, aux Archives nationales (3), nombre de contrats passés par eux pour achats ou échanges; mais la limite du territoire n'a jamais été bien définie, puisque, à la date du

---

(1) Du Breuil, *Antiquités de Paris*, p. 249.
(2) Archives nationales, S, 2913.
(3) Archives nationales, S, 2913.

1ᵉʳ mars 1634 (1), il existe une enquête concernant les limites du terroir de Suresnes du côté de Saint-Cloud ; cette enquête avait pour but d'établir jusqu'où les Religieux de Saint-Germain-des-Prés pouvaient faire payer la dîme ; il n'y a pas de conclusion, permettant de fixer exactement où finissait Suresnes, où commençait Saint-Cloud.

En tout cas, la *Nouvelle Description du territoire et banlieue de la ville, cité et université de Paris*, dressée vers 1640 par Jean Boisseau, enlumineur (2), montre que, à cette époque, il n'y avait qu'un seul chemin perpendiculaire à la Seine, qui montait vers le mont Valérien, en longeant les murs de Suresnes.

En 1648, l'Abbaye de Saint-Germain-des-Prés fit procéder à un arpentage général de ses domaines ruraux, mais il ne paraît pas que le territoire de Suresnes y fût compris (3).

En 1655, nous trouvons la pièce suivante (4) :

L'an 1655, le lundi onze octobre, procès-verbal d'alignement de deux pièces d'héritage sises au terroir de Suresnes, sur le bord de la rivière de Seine, entre Suresnes et Saint-Cloud.

La première pièce, semée en sainfoin, appartenant à Mᵉ Jacques Gobelin, tenant à la rivière, la voie de la navigation entre deux, au bout de laquelle pièce, par en haut, est un grand chemin qui traverse la pièce, ledit chemin venant de Saint-Cloud à Suresnes.

(1) Archives nationales, S, 2913.

(2) Bibliothèque nationale, Estampes, Topographie de la France, Seine, Paris, nº 1.

(3) Voyez Berty et Tisserand, *Topographie historique du vieux Paris, faubourg Saint-Germain*, Paris, 1882, p. 324 et 333 à 335.

(4) Archives nationales, LL, 1041, fol. 216.

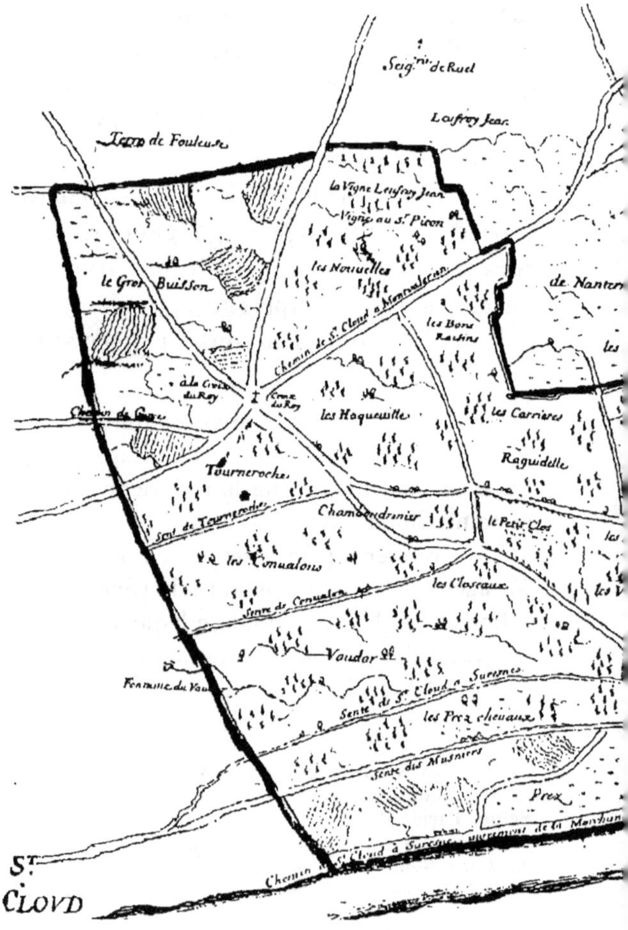

Fig. 1. — Plan de Suresnes

MONTVALERIEN

Borne de Separation de la Seigneurie de Nanterre

les Brouns

les Pruchaux

le Trumeau

Regard

les Verjus au Gruachere

le Trumeau

le T...

les Puits

les Gateaux

Clos de la Seignurie

Languainerie

les Rujselin

Rujselin

Lardilliere

Serisay

les Clos

L'Arronsche

le Grand

la Fontaine du Tertre

la Ferriere

SVRESNE

d'après Hilarion Challant.

Item, une autre pièce aux Religieux de Saint-Germain-des-Prés.

Un chemin est tracé pour séparer les 63 perches 1/4 de terrain échangé entre les Religieux et M⁰ Gobelin.

Il y a un fossé entre M⁰ Gobelin et M. Rose (1).

En 1660, ou à une date contemporaine, on trouve, aux Archives nationales, un *État des maisons, jardins et autres héritages des village et terroir de Suresnes* (2), dont voici un extrait :

A commencer hors la porte de Saint-Cloud :

1. M. Bertrand Tuffier, avocat, une maison et jardin ; derrière ladite maison et à côté de ladite maison, un petit clos de vignes, contenant environ un arpent, qu'il a enfermé sans permission et dont il faut lui faire passer acte.

2. M⁰ André Bouvet, trésorier des gardes françaises, pour une maison et jardin derrière, dans lequel il y a de la vigne, le tout contenant environ trois arpents.

Entrant dans Suresnes, du côté de la rivière et régnant icelle :

3. M⁰ Toussaint Rose, Président de la Chambre des comptes et Secrétaire ordinaire du Cabinet du Roi, pour une maison et jardin, contenant environ cinq arpents.

Sur le *Plan de Suresnes* en 1667 (3), ne figure que le village ; ce qui déborde du cadre, à droite, c'est une maison, et à gauche, du côté de Saint-Cloud, une autre maison.

Le *Plan du village, terre, justice, censive, dixmage, de Suresnes et de Puteaux, son annexe, levé en l'année 1669 et remis à neuf sur la présente feuille en l'année*

(1) Voy. page 29.
(2) Archives nationales, S, 2912.
(3) Bibliothèque nationale, Estampes, Topographie de la France, Seine, arrondissement de Saint-Denis, n° 1.

1776, conformément à l'original sus-daté, indique une contenance de 780 arpents, 54 perches (1) ; il existe des bornes de séparation de la Seigneurie de Saint-Cloud et le Chemin des Vaux d'Or forme, à cette époque, comme de nos jours, la limite de ce côté ; ce que l'on appelle aujourd'hui *Rue de la République* à Suresnes, s'appelait alors *Sente de Saint-Cloud à Suresnes* ; il y avait au-dessous la *Sente des Meuniers* et au-dessus la *Sente des Convalons* (2).

En 1676, les abbés de Saint-Germain-des-Prés firent dresser, par le frère Hilarion Challant, un *Plan de la terre et seigneurie de la ville de Suresnes et Puteaux, son annexe* (3). Je reproduis un fragment de la planche 43, qui contient toute la partie du territoire allant de la Fontaine des Vaux d'Or à la Porte de Saint Cloud (fig. 1) : ce sont toujours les mêmes limites et les mêmes Sentes : *Sente de Saint-Cloud à Suresnes, Sente des Meuniers, Sente des Convalons*. J'ai donné la préférence à ce plan sur le plan de 1669, remis à neuf en 1776, parce que sa date me paraît moins discutable, et aussi à cause de sa perfection calligraphique : ajoutons que de belles enluminures, dans le style Louis XIV, décorent les frontispices de ce beau manuscrit.

Voici la copie du procès-verbal, qui se trouve en tête de la planche 43.

Nous, Arpenteurs royaux soussignés, certifions qu'à la requête des Vénérables Religieux, Prieurs et Convent de

---

(1) L'arpent de Suresnes représentait à peu près la moitié d'un hectare, ce qui nous rapproche de la contenance actuelle (336 hectares).

(2) Archives nationales, Seine, 3e classe, no 345.

(3) Archives nationales, Seine, N, 4, no 29.

l'abbaye de Saint-Germain-des-Prés, Seigneurs spirituels et
temporels de Suresnes, partie de Puteaux, et dépendances,
accompagnés de frère Hilarion Challant, religieux de ladite
abbaye, et de plusieurs anciens habitants desdits lieux, nous
nous sommes transportés sur les fins, limites et extrémités
des chantiers et triages de la Seigneurie dudit Suresnes,
marqués et énoncés au blanc de la présente carte et plan,
levé géométriquement par ledit frère et ainsi qu'il est suivant la mesure des lieux (1) et l'échelle y marquée, tant
pour la distinction des chantiers et triages que pour toutes
autres distances, et séparant des seigneuries voisines et
adjacentes. Ainsi qu'il s'est trouvé juste par le récollement
par nous fait, suivant ladite mesure et les papiers, terriers,
titres, chevauchées anciennes et autres enseignements de ce
faisant foi et mention, à nous exhibés et montrés, et au rapport et relations desdits habitants pour la certitude et l'exac-
titude dudit plan.

Fait ce 15ᵉ jour de mars 1676.

> *Signé* : LINGUEBESCHE, arpenteur susdit,
> greffier et tabellion à Tiais.
>
> LESCUYER, arpenteur susdit et voyer
> général de Saint-Denis.
>
> Frère Hilarion CHALLANT, religieux sus-
> dit (2).

Le domaine s'est singulièrement agrandi, grâce
aux acquisitions importantes qui ont été faites par
les Religieux de Saint-Germain-des-Prés depuis cinquante ans.

Néanmoins l'examen du plan de l'abbé de La Grive (3)

---

(1) 100 perches à 19 pieds 4 pouces par perche, pour Suresnes,
100 perches à 18 pieds par perche, pour Puteaux.
(2) Archives nationales, N, 4, Seine, nº 29, planche XLIII.
(3) De La Grive, *Environs de Paris*, 1740, Chalcographie du Louvre,
nº 3747.

fait voir que, même en 1740, à l'exception du chemin qui part de la Croix du Roi et qui va, d'un côté jusqu'à l'entrée du bourg de Suresnes, et de l'autre côté à Rueil, il n'existait pas de chemin public dans la partie de territoire située entre Saint-Cloud et Suresnes.

En 1768, sur le *Plan de Suresnes*, levé par M. Charpentier (1), ingénieur, on trouve les mêmes indications.

Au XVIIIe siècle, Suresnes était encore un simple bourg, qui comptait, en 1709, 237 *feux*, et, en 1767, 660 habitants *communiants*; ce dernier renseignement est donné par L. Denis (2).

Il n'y avait pas à Suresnes, à cette époque, une seule rue pavée; le premier pavé fut posé, dans la rue de Neuilly, en 1790, par Martin-François Bougault, premier maire de Suresnes.

La création des voies publiques actuelles, par l'absorption des chemins privés (sentes, aysances ou raies), ne s'est faite qu'à une époque relativement récente.

Nous ne citerons qu'un exemple emprunté à l'ancienne *Sente de Saint-Cloud à Suresnes*, qui s'appelle aujourd'hui *Rue de la République*, et qui part du Chemin des Vaux d'Or, pour arriver à la place Eugène-Sue; sa longueur totale est de 725 mètres.

En 1669 et en 1676, sur les plans que nous avons cités (3), elle s'appelait *Sente de Saint-Cloud à Suresnes*.

En 1731, elle figure sur le plan de Suresnes, levé par M. Charpentier, ingénieur.

---

(1) Archives nationales, Seine, 2e classe, n° 83.
(2) Denis, *Pouillé historique et topographique du diocèse de Paris*, dédié à Mgr Christophe de Beaumont, Archevéque de Paris, 1767, p. 23 (Bibl. nat., L³ K, 473).
(3) Voy. p. 16 et 17.

En 1737, le 11 août, un procès-verbal du Prévôt de Suresnes fixe sa largeur à 9 pieds; elle est indiquée comme *Chemin par où arrive la vendange de Saint-Cloud*.

Sur le plan cadastral d'avril 1813, elle est désignée sous le nom de *Grande sente de Saint-Cloud à Suresnes*.

L'état des chemins vicinaux, 3 juin 1823, la dénomme *Sente des Pierres*, avec une largeur de 9 pieds; cet état est approuvé par le préfet le 3 juin 1830 (1).

En 1835, le plan cadastral la désigne sous le nom de *Grand sentier de Saint-Cloud à Suresnes*.

En 1856, le plan cadastral, section D, n° 3, lui donne le nom de *Chemin des Pierres*.

En 1858, le 20 mars, un arrêté préfectoral la classe dans la voirie rurale, avec la désignation de *Sente des Pierres*.

En 1868, le 22 juillet, un autre arrêté préfectoral la reclasse dans la voirie vicinale.

En 1870, le 20 juin, un arrêté préfectoral approuve un plan d'alignement portant sa largeur à 12 mètres.

En 1878, le 26 novembre, la nomenclature des chemins la désigne sous le n° 37, avec le nom de *Chemin des Pierres*; à la suite, est cette observation : *en dehors de l'agglomération* (20 juin 1870).

En 1884, le 19 juin, un arrêté préfectoral la déclasse de la voirie vicinale et la reclasse dans la voirie rurale.

En 1891, le 21 octobre, un arrêté préfectoral la reclasse dans la voirie vicinale, avec le n° 2 et la désignation de *Chemin des Pierres*.

(1) *Bulletin des lois*, n° 68, p. 628.

En 1891, le 10 décembre, un arrêté préfectoral porte approbation d'un projet de mise en viabilité.

En 1895, elle prend le nom de *Rue de la République* et on commence l'exécution de la mise en viabilité.

Tout cela est parfait, mais tout cela prouve que cette pauvre Sente de Saint-Cloud à Suresnes a subi bien des vicissitudes et que son histoire a été bien mouvementée.

Elle a souvent changé de nom, tantôt *Sente*, tantôt *Sentier*, puis *Grand'sente*, *Grand sentier*, enfin *Chemin* et définitivement, en 1895, *Rue*.

Avec son nom, elle a vu aussi changer sa largeur, son alignement.

Elle a été classée, déclassée, reclassée.

Mais on peut conclure de ces nombreuses transformations que, en 1607, la Seigneurie de Saint-Cloud s'étendait jusqu'aux murs de Suresnes, et que le territoire de Suresnes ne dépassait pas les limites de son enceinte.

II. — LE CHATEAU DE LA SOURCE

La maison sise actuellement à Suresnes, boulevard de Versailles n° 7, rue de Saint-Cloud n° 4, et quai National n° 25, et qui a été dénommée *Château de la Source*(1), sans que jamais ce nom ait figuré dans aucun des titres de propriété, appartenait, sous le règne de Henri IV, au Cardinal Pierre de Gondi, Évêque de Paris, Seigneur de la terre et Seigneurie et Prévosté de Saint-Cloud, et de plus propriétaire d'un immense domaine, qui s'étendait depuis Saint-Cloud jusqu'à la Porte de Suresnes.

Le Cardinal Pierre de Gondi était de la famille des Gondi, originaire de Florence, qui avait suivi Catherine de Médicis à la Cour de France.

Un des membres de cette famille, Jérôme de Gondi, qualifié, par Sauval, l'un des plus riches et des plus fameux financiers de son temps, reçut en 1572, de la veuve de Henri II, le domaine de Saint-Cloud.

Pierre de Gondi, celui dont le nom reviendra souvent dans cette étude, était né à Lyon, en 1533; il était le cinquième enfant de Antoine II de Gondi et de Marie Catherine de Pierre-Vive, gouvernante des enfants de France, et le petit-fils de Antoine I de Gondi et de Magdeleine Corbinelli.

Il fut élevé à la Cour — la Cour des Valois, — c'est dire qu'il apprit l'intrigue, en même temps que la théologie; c'était cependant un homme sage et de bon conseil. Nous sommes

(1) *Annuaire-Almanach Didot-Bottin*, 1888, p. 2675. C'est la première fois que cette indication a été donnée : elle a été conservée depuis. Ce nom, bien qu'un peu prétentieux, est adopté par moi, parce que s'il n'est pas absolument vrai, il est au moins commode.

heureux de pouvoir honorer sa mémoire en reproduisant un
beau portrait (fig. 2), que nous empruntons à Corbinelli (1),
et qui porte comme signatures : *Ant. Pezey pinxit* et
C. Duflos sculpsit (2).

Évêque de Langres (1565), avec le titre de Duc et Pair,
puis Évêque de Paris (1568) sous le nom de Pierre V de
Gondi (3), Cardinal (18 décembre 1587), Proviseur de Sorbonne (1594), Chef du Conseil du Roi, Chancelier et Grand
aumônier de Catherine de Médicis, femme de Henri II, et
d'Élisabeth d'Autriche, femme de Charles IX, Trésorier de
la Sainte-Chapelle du Palais à Paris, l'un des six premiers
Commandeurs de l'ordre du Saint-Esprit (1re promotion,
31 décembre 1578), Ambassadeur du Roi très chrétien auprès des papes Pie V, Grégoire XIII, Sixte-Quint et Clément VIII (1594), auprès du duc de Savoie et de plusieurs
autres cours souveraines, il fut un vigilant administrateur
du diocèse de Paris (4).

Nous voyons en particulier qu'il est intervenu dans l'histoire de Suresnes ; une sentence de l'Officialité de Paris
(24 mars 1574) fait l'union et l'incorporation du Prieuré de
Suresnes à la mense conventuelle de Saint-Germain-des-
Prés, pour le moment où ce prieuré sera touché par cession
ou décès, avec ses titres, fruits, provendes et droits univer-
sels (5).

En 1578, il assista aux États de Blois et prit une part très

(1) Corbinelli, *Histoire généalogique de la maison de Gondi*, Paris,
chez J.-B. Coignard. 1705.

(2) Ce portrait se trouve également dans les *Éloges historiques
des Évêques de Paris*, par M. Algay de Martignac. Paris, 1698, in-4.

(3) P. de Gondi fut nommé Évêque de Paris, par Charles IX, en 1568 :
il prêta serment de fidélité le 24 janvier 1570 et fit son entrée solennelle
le 24 juin 1570 ; il était le 107e Évêque de Paris, depuis saint Denis,
selon les uns ; le 111e, selon d'autres auteurs.

(4) L'évêché de Paris fut érigé en archevêché par une bulle donnée
à Sainte-Marie Majeure, le 13 des calendes de novembre 1622, par le
pape Grégoire XV. Le premier Archevêque de Paris fut Jean-François
de Gondi.

(5) Archives nationales, LL, 1041, fol. 9.

Fig. 2. — Pierre, Cardinal de Gondi.

active aux règlements généraux qui furent établis dans l'intérêt de l'Église de France.

Il tint tête avec courage aux Ligueurs, maîtres de Paris, et lorsque les Docteurs de Sorbonne eurent excommunié Henri III, fugitif, qu'ils qualifiaient de tyran, il fut lui-même menacé d'excommunication, s'il n'imitait pas leur exemple; mais, loin de tenir compte de ces menaces, il donna asile à Henri III dans sa maison de Saint-Cloud (janvier 1589), lorsque ce prince, réconcilié avec le Roi de Navarre, vint mettre le siège devant Paris (1).

Après la mort de Henri III (août 1589), Pierre de Gondi refusa de signer l'acte qui excluait de la succession au trône tous les princes de sang royal; il résista aux obsessions faites pour l'engager dans les complots de la Ligue; il résista aux violences; il laissa même saisir ses revenus pour la cause de la Ligue, et ils étaient considérables, puisque, y compris les revenus de l'évêché, il avait plus de 200 000 livres de rente (2).

Contraint de quitter sa ville épiscopale, il fut rappelé par le Prévôt et les échevins.

Pendant le siège de Paris, pour apaiser les murmures qu'excitait la rareté du numéraire et pour sauver la population des horreurs de la famine, il n'hésita pas à livrer à la fonte les vases d'or et d'argent de ses églises.

L'un des meilleurs amis de Henri IV, c'est lui qui alla trouver le Roi de Navarre à son quartier général et entama les négociations qui aboutirent aux conférences tenues à Suresnes, du 29 avril au 31 mai 1593, entre les Catholiques royaux et les Ligueurs, pour amener l'abjuration solennelle de Henri IV, en l'église de Saint-Denis (25 juillet 1593).

---

(1) L'Estoile, *Journal de Henri III*, t. II, p 467.

(2) Nous devons à l'obligeance de M. E. Levasseur, membre de l'Institut, le renseignement suivant : 3 peut être donné comme le pouvoir de l'argent de 1600 à 1625, c'est-à-dire qu'un poids d'argent achetait alors à peu près trois fois plus de marchandises qu'aujourd'hui. 200 000 livres de rente représenteraient actuellement 600 000 francs de rente.

Choisi par le Roi pour être le médiateur de sa réconciliation avec le Saint-Siège, il alla à Rome, mais il fut consigné à la porte des États de l'Église; il parvint enfin à obtenir une audience de Clément VIII et prépara l'envoi d'un légat, chargé de recevoir l'abjuration (1593).

Il fut nommé Président du Conseil de *Raison*, destiné à rétablir l'ordre dans les finances et envoyé en mission auprès des États de Rouen, où il présenta des cahiers rédigés par lui-même pour la réforme de la discipline ecclésiastique (1).

Il se démit de l'évêché de Paris, du consentement de Henri IV, en faveur de son neveu, Henri de Gondi, qui en prit possession, le 29 mars 1598, comme coadjuteur, mais il en garda les bénéfices et privilèges.

Pierre de Gondi assista au mariage du Roi avec Marie de Médicis, le 17 décembre 1600, à Lyon.

Le 14 septembre 1606, il baptisa à Fontainebleau le fils aîné d'Henri IV, Louis, Dauphin de France, qui devint Louis XIII, sa sœur Élisabeth de France, qui fut la première femme de Philippe VI, roi d'Espagne, et sa sœur Christine de France.

Enfin, il mourut à Paris, le 13 des calendes de mars 1616 (17 février 1616), il était âgé de 84 ans; il fut inhumé dans la chapelle des Gondi, en l'Église de Paris (Notre-Dame). Corbinelli (2) a publié, avec un luxe inouï de détails, le récit de son entrée dans l'Église de Paris et le récit de ses funérailles.

Ses armoiries, qui figurent au bas du portrait que nous donnons, étaient d'or à deux massues de sable, passées en sautoir et liées d'un cordon de gueules; l'écu était orné du cordon et de la croix des ordres du Roi, de la couronne et du manteau ducal et du chapeau de cardinal.

Sa devise — la devise des Gondi — était : *Non sine labore.*

(1) Chantelauze, *Saint Vincent de Paul et les Gondi.* Paris, 1882.
(2) Corbinelli, t. II, p. 61.

Pierre de Gondi avait vendu le Château de la Source à Albin Du Carnoy, Orfèvre et Valet de chambre de Sa Majesté. Je ne possède malheureusement pas l'acte de vente, mais il y a tout lieu de supposer que cette vente a été consentie à une époque contemporaine de celle où Pierre de Gondi vendait à Aubéry, Conseiller du Roi et Maître des Requêtes en son Hôtel, la maison voisine, qui a porté et qui porte encore le nom de *Château de Suresnes*.

En 1615, le château de la Source appartenait à Jacqueline Du Carnoy, fille et héritière par bénéfice d'inventaire de défunt Albin Du Carnoy (1), sans que je sache quand et comment elle en est devenue propriétaire.

A partir de ce moment, je possède des documents précis sur les époques et les conditions des diverses transmissions qui se sont succédé.

En 1637, le 15 juillet, adjudication par décret forcé au Parlement, sur la poursuite de saisie réelle, faite à la requête de dame Jeanne de Santeny, femme séparée de biens de Mᵉ Louis de Meaux, chevalier, seigneur du fief et gouverneur du château de Ré, sur Mᵉ Nicolas de Baignaux, auditeur à la Chambre des Comptes, et Jacqueline Du Carnoy, sa femme.

Ici se place une cause célèbre, qui eut à l'époque un grand retentissement :

En 1647, une veuve Catherine Richer, demeurant à Suresnes, périt assassinée ; les assassins étaient Louis de Meaux et Noël, son domestique, qui avaient pour complices Jeanne de Santeny et Marie, sa servante (2) ; Louis de Meaux et Noël furent condamnés à être rompus vifs ; Marie fut pendue et

(1) Voy. p. 82, l'arrêt de 1624.
(2) Archives nationales, LL, 1041, fol. 179.

étranglée à la potence ; Jeanne de Santeny fut bannie pour neuf ans de la Prévôté et Vicomté de Paris, avec injonction de garder son ban à peine de la hart ; tous et chacun des biens desdits Meaux, Noël et Marie furent acquis et confisqués au Roy.

En 1650, acquisition par Toussaint Rose, marquis de Coye, Conseiller ordinaire de Sa Majesté en ses Conseils d'État et privé, Secrétaire du Cabinet de Sa Majesté, ou mieux, Secrétaire de la main de Louis XIV, Président de la Chambre des Comptes, membre de l'Académie française, — connu sous le nom de M. *le Président Rose* ou *le Bonhomme Rose*, — moyennant le prix de 50 500 livres (contrat passé devant Me Bruneau, notaire à Paris, 8 octobre 1650, et obtenu sur la requête de Me Étienne d'Aligre, Charles de Machault, etc., qui homologue le contrat, 29 octobre 1650).

Cette maison, dont Toussaint Rose était locataire avant d'en devenir propriétaire, a vu naître, le 31 août 1642, le fils unique de Toussaint Rose, Louis Rose.

Autour de la maison, se trouvaient des vignes et des terres assez importantes, que le président Rose, même quand il cessa d'habiter Suresnes, continua toujours d'agrandir.

« Pour sa seule propriété de Suresnes, dit M. Marc Villiers du Terrage (1), il ne fit pas moins de soixante-quinze actes d'achat, de vente ou d'échange de terrains, et, avec sa finesse et son sens des affaires, il savait tirer profit de chacune de ces opérations. »

Nous avons trouvé notamment :

Le 2 mai 1653, une demande faite par Toussaint Rose, qui a acquis la maison de Jeanne de Santény et qui désire reculer le mur de clôture qui partage ses terres (2).

Le 1er mars 1654, un contrat par lequel Toussaint Rose joint au clos de sa maison à Suresnes, proche la porte allant

(1) M. Villiers du Terrage, *Un secrétaire de Louis XIV, Toussaint Rose, marquis de Coye*, Paris, 1891, p. 111.
(2) Archives nationales, LL, 1041, fol. 192.

à Saint-Cloud, une vigne, qui est au delà du mur dudit bourg
de Suresnes, le fossé commun entre eux deux (1).

Nous citerons encore : un contrat passé par devant
Mᵉ Moufle, le 20 mai 1665 ; un décret volontaire au Châtelet,
le 16 décembre 1665 ; un acte par Mᵉ Robillard, le 22 décembre 1691.

En octobre 1656, Toussaint Rose avait acheté aux Religieux de Saint-Germain-des-Prés, seigneurs châtelains de
Suresnes, le droit de banc, de sépulture et d'armoiries dans
la chapelle du Rosaire, la première en entrant dans l'église,
pour lui et ses descendants, pour autant de temps qu'ils
posséderaient la maison.

Louis Rose, fils du Président Rose, mourut le 26 mars 1688,
laissant pour héritiers un fils, Louis, né le 14 octobre 1684,
qui mourut, le 28 août 1706, au siège de Turin, et une fille,
Madeleine, née le 28 avril 1682, mariée à Antoine Portail, le
25 septembre 1699.

Le Président Rose mourut le 6 janvier 1701 et fut inhumé
le samedi 8 janvier 1701, en l'église Saint-Germain-des-Prés,
à Paris.

A la mort du Président Rose, le Château de la Source
devint la propriété de Madeleine Rose, petite-fille et héritière par moitié du Président, laquelle avait épousé Antoine
Portail, Chevalier, Conseiller du roi, puis Avocat général,
Président à mortier, enfin Premier Président du Parlement
de Paris en 1724, membre de l'Académie française, mort le
3 mai 1736.

En 1706, le 2 juin, vente par Antoine Portail et Madeleine
Rose, à Charles Hurton (ou Harlan), marchand bourgeois,
ancien consul, et Gilles de Ganeau, Procureur en la Chambre des Comptes, son gendre.

Ils sollicitent pour eux et leurs descendants seulement et
pour autant de temps qu'ils posséderont la dite maison, un

(1) Archives nationales, LL, 1041, fol. 224.

banc dans la 1ʳᵉ chapelle à main droite dans le chœur de l'Église de Suresnes, appelée la chapelle du Sᵗ Rosaire.

La requête est accordée le 14 juin 1706 et les Sʳˢ Hurton (ou Harlan) et de Ganeau versent, le 25 juin 1706, 300 livres pour être employées à faire faire un tableau au maître autel de l'église de Suresnes (1).

En 1721, le 24 septembre, vente par veuve de Ganeau, née Marguerite Hurton (ou Harlan), à Charles de Skelton, maréchal des camps, et dame Barbe Lennard, son épouse.

En 1741, le 30 septembre, la dame Skelton étant étrangère et étant morte sans héritier direct, sa succession échut au Roi, à qui le Château de la Source est adjugé par sentence du Bureau des Finances et de la Chambre du Domaine.

En 1743, le 15 juin, sentence d'adjudication de la maison, jardin et dépendances à maître Horri, Procureur en la Cour, qui en a fait sa déclaration le 12 août suivant, au profit de M. Étienne Huart, clerc tonsuré.

En 1743, le 12 août, déclaration par devant notaire en brevet du sieur Huart, que l'adjudication du 15 juin est au profit de l'abbé Louis-Joseph de Montmorency Laval, depuis évêque de Metz et Grand Aumônier de France, pour la propriété et pour l'usufruit d'un tiers par indivis, et, pour les deux autres tiers en usufruit, au profit de M. Guy André comte de Laval Lejay et de dame Marie-Anne de Turmenys son épouse, père et mère de l'abbé de Laval, auxquels ledit sieur Huart n'a fait que prêter son nom.

En 1756, le 17 novembre, Marie-Anne de Turmenys, veuve en premières noces de Mathieu de Roye de Larochefoucault et en secondes noces de Guy André comte de Laval Lejay, lègue le Château de la Source à Alexandre-François de Johanne, comte de Somery.

(1) Archives nationales, LL. 1041, fol. 113.

En 1757, le 4 octobre, donation par le comte de Somery à Marie-Jeanne de Montmorency, veuve de Joseph-Philippe-Hyacinthe, duc de Croswaren Looz.

En 1780, le 12 janvier, Marie-Jeanne de Montmorency institue par son testament, comme sa légataire universelle, Guyonne Marie-Louise-Christine de Montmorency Laval, sa sœur, qui était veuve de Henri-François de Grave, marquis de Soles, baron de Talles.

En 1784, le 26 juillet, vente par la marquise de Grave, au comte Claude-Palamède-Antoine de Thélis, seigneur du Breuil, capitaine aux gardes françaises (Me Brichard, notaire à Paris).

En 1785, le 6 décembre, vente par le comte de Thélis à François Michel, procureur au Parlement, et à dame Rose-Maxime Pelletier de Rilly, son épouse (Me Brichard, notaire à Paris).

En 1793, la rue de Saint-Cloud, sur laquelle s'ouvrait la porte principale de la propriété, reçut le nom de *Rue Brutus* : c'est un signe des temps.

En 1796, le Château de la Source avait pour locataire Mme de Villars-Brancas : c'est chez elle que Talleyrand trouva la *cause immédiate* qui le fit nommer au poste de Ministre des affaires étrangères, en remplacement de Charles Delacroix. Voici comment il raconte lui-même l'anecdote :

« J'avais été dîner chez un ami, sur les bords de la Seine, avec Mme de Staël, Barras (1), et quelques amis qui se réunissaient souvent. Un jeune ami de Barras, qui était avec nous, alla se baigner avant le dîner et se noya. Le

(1) Barras était un voisin de campagne; après la mort de Clavière (1793), et la confiscation de ses biens, il avait acheté, le 4 messidor an IV (22 juin 1796), le Château de Suresnes; il garda la propriété jusqu'au 6 fructidor an V (23 août 1797), c'est-à-dire pendant quatorze mois. Il ne parle pas de cette acquisition, dans ses *Mémoires*; il sentait peut-être que ses trafics sur les biens confisqués des émigrés et des condamnés à mort n'étaient pas de nature à lui conquérir de bien vives sympathies.

membre du Directoire, qui lui était tendrement attaché, en fut fort affligé. Je le consolai, — dans ma jeunesse, j'avais souvent rempli l'office de consolateur, — et je retournai à Paris avec lui, dans sa voiture. Le ministère des affaires étrangères devint vacant peu après; Barras savait que je le désirais, et, grâce à lui, ce portefeuille me fut donné (1). »

En 1797, c'est encore dans cette même maison que Barras et Talleyrand, réunis par Mme de Villars Brancas, jetèrent les bases du coup d'état du 18 fructidor an V (4 septembre 1797).

En 1806, le 14 novembre, vente par François Michel, doyen des Avoués à la Cour d'appel et Mme Michel, à Louise-Auguste-Élisabeth-Marie-Colette de Montmorency, épouse de S. A. le Prince Joseph-Marie de Lorraine, prince de Vaudemont, autorisée à la régie de ses biens personnels, même à l'aliénation de ses immeubles (Me Dunays, notaire à Paris).

En 1821, le 19 septembre, adjudication définitive de la vente par Marie-Madeleine Potet, légataire universelle de François Michel, à la princesse de Vaudemont (Me Fourchy, notaire à Paris).

La Princesse de Vaudemont, qui était propriétaire du château de Suresnes, depuis le 12 vendémiaire an XII (5 octobre 1803), avait fait de cette propriété la plus luxueuse résidence de Suresnes; elle avait embelli les jardins, elle avait organisé une superbe ménagerie; sœur du prince de Lambesc, qui avait vigoureusement repoussé l'émeute du Pont-Tournant, elle avait attiré dans son salon une nombreuse société d'hommes politiques, qui, tout en faisant une partie de whist, y traitaient les affaires secrètes et les négociations d'argent.

C'est chez elle, à Suresnes, que se réunirent, après la bataille de Laon, Talleyrand et Fouché, longtemps ennemis, réconciliés par un intérêt commun; ils discutèrent et escomptè-

(1) Sir Henry Lytton Bulwer, *Essai sur Talleyrand*, Paris, 1868, p. 152.

rent les conséquences de la chute de l'Empereur, ils réso-
lurent de prendre la direction du mouvement royaliste.

On voit que Talleyrand était bien l'homme que nous dépeint Barras (1), « l'homme qui pensait qu'il fallait faire
marcher les femmes ».

Mais, comme le dit Sainte-Beuve (2), il n'était pas, il ne
pouvait pas être aussi insensible, ni aussi égoïste qu'on l'a
prétendu : les hommes ne sont pas des monstres. Lorsqu'il
perdit sa vieille amie, la princesse de Vaudemont (janvier 1833), il se montra fort affecté. Il est vrai que Mon-
trond, qui en faisait la remarque, ajoutait : « C'est la première fois que je lui ai vu verser des larmes. »

En 1822, le 21 mai, vente par la Princesse de Vaudemont
à Edmond-Jean-Baptiste Labalte (M⁰ Grule, notaire à Paris).

En 1825, les 21 et 31 décembre, vente par Labalte à Roehn
et Cⁱᵉ, banquiers, qui avaient été d'abord locataires et qui,
par le bail, s'étaient réservé d'établir une distillerie dans le
Château de la Source (M⁰ Lamaze, notaire à Paris).

En 1833, le 2 mars, vente sur conversion de saisie, à la
requête de Labalte contre Roehn et Cⁱᵉ, qui n'ont pas payé
leur prix d'adjudication, au profit de Marie-Gabrielle-For-
tunée Dupac de Badens, marquise de Puivert, veuve de Ber-
nard-Emmanuel-Jacques de Roux, marquis de Puivert, maréchal de camp des armées du roi, ex-gouverneur du château
de Vincennes.

En 1838, le 10 novembre, vente par les héritiers Puivert à
Jean-Prosper Delagoutte, avocat, et François-Marie Delagoutte (M⁰ Chaudru, notaire à Paris).

En 1842, le 20 août, vente par Prosper Delagoutte, à
Jacques-Marie Béglet (M⁰ Lallemand, notaire à Suresnes).

En 1850, les 17 et 18 octobre, liquidation, après décès de
Jacques-Marie Béglet, au profit de Aimé-Henri Béglet
(M⁰ Demange, notaire à Paris).

(1) Barras, *Mémoires*, 1895, t. II, p. 447.
(2) Sainte-Beuve, *Nouveaux Lundis*, t. XII, p. 123.

Fig. 3. — L'ancien Château de la Source (1886), d'après une photographie de M. Georges Baillière.

Fig. 4. — Le nouveau Château de la Source (1887), d'après une photographie.

En 1873, le 18 mars, vente par Aimé-Henri Réglet à Jean-Baptiste Baillière, Libraire Éditeur, Ancien membre du Conseil d'Escompte de la Banque de France, Chevalier de la Légion d'Honneur (Me Desforges, notaire à Paris).

En 1886, le 2 mars, adjudication en la Chambre des notaires, après le décès de Jean-Baptiste Baillière, au profit de Henri Baillière (Me Charles Morel d'Arleux et Me Plocque, notaires à Paris).

Je ne sais pas à quelle date remontait la construction de l'ancienne habitation qui a abrité tous les personnages dont j'ai cité les noms ; elle a subsisté jusqu'en 1886, mais elle avait le grand défaut de ne pas se prêter aux exigences de la vie moderne (fig. 3).

Elle a disparu, à cette époque, pour faire place à une maison moins importante peut-être, mais en tout cas plus commode (fig. 4).

On y a conservé avec soin tout ce qui avait quelque intérêt ou quelque valeur au point de vue décoratif : les parquets, les boiseries sculptées, les cheminées, les rampes des perrons.

Ce qui est surtout demeuré intact :

C'est la belle fontaine (fig. 5), en pierre sculptée, avec ses deux dauphins, qui remonte à la bonne époque de la rocaille, vers 1730, et ses deux vasques Louis XV ; elle est alimentée par la source des Vaux d'Or ;

C'est le jardin (fig. 6), dessiné à l'anglaise, et ayant une superficie de 13 300 mètres carrés ;

Ce sont les arbres séculaires, cèdre du Liban, tulipier, hêtre pourpre, peupliers d'Italie, etc. ;

C'est le bassin, où l'eau limpide de la source vient tomber par un rocher factice et où s'ébattent des carpes âgées de plusieurs lustres ;

C'est la terrasse de 75 mètres, au bord de la Seine,

Fig. 5. — La fontaine du Château de la Source, d'après une photographie.

qui a pour perspective : au premier plan, le fleuve ;
derrière, les grands arbres du Bois de Boulogne et,

Fig. 6. — Le jardin du Château de la Source, d'après une photographie.

au loin, sur la droite, les coteaux de Saint-Cloud et de
Meudon.

C'est enfin la Tourelle de la Porte de Saint-Cloud,
dont l'histoire se rattache directement à l'histoire de
la Fontaine des Vaux d'Or.

III. — LA TOURELLE DE LA PORTE
DE SAINT-CLOUD

Sur une estampe, qui se trouve à la Bibliothèque
nationale (1), figure la Tourelle de la Porte de Saint-

Fig. 7. — La Tourelle, vue du jardin, d'après une photographie
de M. Roger Baillière.

Cloud ; elle est indiquée comme ayant été bâtie en
1559 : c'est en cette année même que mourut Henri II
et que François II monta sur le trône de France.

La Tourelle faisait partie de l'enceinte de Suresnes,

(1) Bibliothèque nationale, Estampes, Topographie de la France,
Seine, arrondissement de Saint-Denis, n° 1.

elle en était une des portes, et était destinée à garantir le bourg contre les incursions de l'armée catholique qui campait à Saint-Cloud ; deux tourelles semblables se dressaient de chaque côté de la Sente de Saint-Cloud à Suresnes.

La sentence de 1610 (1) est le premier document, parmi ceux qui nous ont été conservés, où nous voyons apparaître la Tourelle ; elle ne servait plus à défendre Suresnes contre les ennemis du dehors, elle était devenue une propriété particulière et était incorporée dans le parc du Château de la Source. Je ne saurais dire à quelle époque et par suite de quelles circonstances elle avait ainsi changé de destination ; elle va servir à placer le réservoir, où se fera le partage des eaux de la Source des Vaux d'Or entre les différents propriétaires qui ont des droits à prétendre sur ces eaux et elle ne perdra plus le nouvel emploi auquel elle est affectée

La Tourelle est encore mentionnée dans l'Enquête de M. de Machault en 1619 (2) : « L'eau est amassée par des tuyaux de plomb et est conduite dans une tour qui est à l'entrée du village de Suresnes. »

Des deux tourelles qui ont existé primitivement et qui figurent toutes deux sur le Plan de 1676 (3), il n'en reste plus qu'une seule aujourd'hui ; l'autre a été démolie pour l'élargissement de la rue de Saint-Cloud.

En tout cas, celle qui subsiste encore est désignée dans tous les titres de propriété que nous possédons et constitue le seul monument encore debout du Suresnes du XVIᵉ siècle.

---

(1) Voy. p. 71.
(2) Archives nationales, Q¹, 1067, p. XLIII.
(3) Voy. p. 14.

Fig. 8. — La Tourelle et la rue de Saint-Cloud, vues du boulevard de Versailles, d'après une photographie.

Fig. 9. — La Tourelle et la rue de Saint-Cloud, vues de la place Eugène-Sue, d'après une photographie.

Je dis le « seul monument » ; ce n'est peut-être pas
tout à fait exact ; car on voit encore, à Suresnes,
quelques vestiges du mur de clôture, près de la rue du
Chemin-Neuf, à l'endroit désigné, sur le Plan de 1676,
sous le nom de *Le Moisi* (1). Mais ces ruines banales

Fig. 10. — Les contreforts de la tourelle.

sont loin de présenter le même intérêt historique que
la Tourelle de la Porte de Saint-Cloud.

Elle a conservé ses meurtrières, qui autrefois ser-

(1) Voy. p. 14.

vaient à repousser l'ennemi, et qui aujourd'hui n'ont
d'autre utilité que de laisser pénétrer un peu de lumière
dans son obscurité (fig. 7, 8 et 9).

Du côté du jardin, elle mesure 12ᵐ,90 de hauteur,
dont 7ᵐ,90 jusqu'au toit ; la toiture en ardoises qui la
surmonte représente 5 mètres ; du côté de la rue de
Saint-Cloud, la tour proprement dite, déduction faite
du toit, n'a que 5ᵐ,90, par suite des remblais qui ont
été opérés (fig. 10).

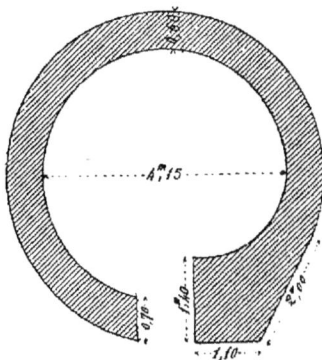

Fig. 11. — Le diamètre de la Tourelle.

Elle a un diamètre intérieur de 4ᵐ,15 (fig. 11).

Elle a des murs, dont l'épaisseur est variable :
60 centimètres, dans la presque totalité de sa circon-
férence ; 70 centimètres, à gauche de la porte d'entrée
sur la rue, par suite d'un premier contrefort couvert
d'un chaperon en tuiles; 1ᵐ,40, à droite de la porte
d'entrée sur la rue, par suite de l'existence d'un second contrefort, également couvert d'un chaperon en
tuiles; ce dernier contrefort, sur lequel s'appuyait la
Porte de Suresnes, a deux côtés, qui mesurent respectivement 1ᵐ,10 et 2 mètres de développement et qui

étaient destinés à augmenter la solidité et la stabilité
des murs de la Tourelle.

Ajoutons que la base de la Tourelle, encore à
découvert du côté du jardin, qui a conservé son ancien
niveau, et qui n'a pas subi les exhaussements du
sol de la rue de Saint-Cloud, présente une saillie
moyenne de 15 centimètres.

Et cependant, le Conseil municipal qui préside aux
destinées de Suresnes avait l'ambition d'attacher son
nom à la démolition de la Tourelle de la Porte de
Saint-Cloud, sous prétexte de caducité, comme on le
verra par la suite.

IV. — LA FONTAINE DES VAUX D'OR

Dès avant 1607, Du Carnoy et Aubéry, qui avaient acheté du Cardinal Pierre de Gondi, l'un le Château de la Source, l'autre le Château de Suresnes, avaient la jouissance des eaux de la Fontaine des Vaux d'Or, située sur les coteaux de Saint-Cloud (1).

A cette époque, le champ où émergeait la Fontaine et le Château de la Source faisaient tous deux partie de la Seigneurie de Saint-Cloud, mais depuis, ils ont été séparés par suite de convenances administratives.

La Fontaine est située dans le département de Seine-et-Oise, sur la commune de Saint-Cloud ; le Château est situé dans le département de la Seine, sur la commune de Suresnes ; le Chemin des Vaux d'Or forme la séparation entre les deux départements et les deux communes.

En 1606, Du Carnoy et Aubéry firent des travaux considérables pour amener l'eau de la Fontaine jusque dans leurs propriétés. La canalisation avait alors 1 050 mètres, qui se répartissent aujourd'hui de la façon suivante :

1° Sur le Chemin des Vaux d'Or,	175 mètres.
2° Sur la rue de la République,	725 mètres.
3° Sur la place Eugène-Suc et la rue de Saint-Cloud,	150 mètres.
Total :	1 050 mètres.

(1) Dans les anciens documents, on trouve toutes les orthographes possibles pour désigner cette source : *Vaux d'or, Vaulx d'or, Vau d'or, Veau d'or, Veau Dor, Vau doré*; en réalité, je crois que la véritable orthographe est *Vaux d'or*, comme pluriel de *Val d'or*, c'est-à-dire « val riche et fertile ».

Nous avons trouvé trois documents qui remontent à cette époque et qu'il nous paraît intéressant de reproduire en leur entier, parce qu'ils donnent des renseignements curieux non seulement sur les travaux exécutés, mais encore sur la condition des ouvriers et les habitudes du travail au commencement du xviiᵉ siècle.

Le premier est le contrat passé entre Du Carnoy et Aubéry et le sieur Valleranne, pour la mise du conduit de l'eau de la source jusqu'au village de Suresnes, pour le prix de 3 421 livres, 8 sols (1).

État des frais faicts pour la Fontaine du Vaudor.

Premièrement a esté déboursé pour faire visiter la source de ladite fontaine par ung fontenier, mené exprès de Paris à Suresnes, avec personnes de conseil, pour sçavoir s'y l'on s'en pourroit servir, qui ont demeuré deux jours, nourris aux despens des sieurs Aubery et Du Carnoy, et pour leur sallaire   25 livres.

A esté payé pour deux journées de trois hommes, qui ont travaillé à remuer et creuser la terre, autour de la source ou dans l'eau   6 livres 8 sols.

Pour troys coppies de l'accord ou convention faicte entre les parties, pour faire conduire la fontaine, le 7 mai 1606
                     32 sols.

Plus, incontinans après ledit contrat, ung nommé Valleranne s'estant présenté au sieur Du Carnoy, pour travailler à ladite fontaine, il fut mené audit lieu de Suresnes, pour visiter la source de ladite fontaine. Laquelle il fit nettoyer et creuser, pour savoir la grosseur de l'eau, au paravans que d'entreprendre de la conduire ; à quoy il vacqua quatre journées, et fut paié à ceulx qu'il employa, pour remuer la terre et nettoyer la source   6 livres 8 sols.

Le 8ᵉ juin 1606, a esté faict contract avec ledit Valle-

(1) Soit 10 263 francs de notre monnaie.

ranne, pour mener et conduire l'eau de ladite source jusques au village de Suresnes, aux conditions portées par ledit contract pour le prix et somme de 2 700 livres.

Cy 2 700 livres.

A esté payé pour le vin du marché audit fontainier, suivant la coustume, et pour le temps qu'il avait employé à visiter ladite fontaine et la faire nettoyer,

6 écus 1 quart 19 livres 4 sols.

Aux garsons et valetz du fontainier   3 livres 4 sols.

Au notaire, qui a passé ledit contract, pour la minulte et *quatre grosses délivrées aux parties*   12 livres 16 sols.

Et d'aultant que, par le contract faict avec le fontainier, il ne debvait fournir les tuyaux que de 40 livres pesans, et que, par le prix faict en la présence des parties, ils se seraient trouvés monter d'advantage de 715 livres, qui luy doibt estre paié à raison de 18 deniers la livre, suivant ledit contract, monte   53 livres 15 sols.

Plus, a esté paié pour la massonnerie faicte par ung nommé Bullet, masson de Suresnes, tant à la source de ladite fontaine pour le réservoir des eaux, que aux cinq regards de pierre posés, pour enfermer les thuyaux, au Grand chemin, et pour tout ce qui est contenu en ces parties, la somme de

104 livres 6 sols.

Pour cinq regards de pierre de liaiz, paié à M. Claude, tailleur de pierres, par sa quictance   10 livres 5 sols.

Pour des canaux de pierres, pour enfermer les thuyaux, sur les Grands chemains, et tranchées, par quictance

26 livres 10 sols.

Pour deux journées d'un chartier et deux chevaux, qui ont conduit de Paris à Suresnes les canaux de pierre   6 livres.

Pour ung chartier, qui a mené et conduit du plomb du poix en balance, pour peser les thuyaux, et qui les a rapportés en ceste ville   3 livres.

Payé au serrurier, qui a faict cinq serrures et cinq barres de fer croisées, pour les cinq reguards   20 livres.

Pour la porte de la source, comprins la ferrure, 15 livres.

Pour des thuiaux de fer blanc, pour jauger l'eau 16 sols.

Pour sept cens toises de tranchées, depuis la source de la fontaine jusques à la place du village, de différentes profondeurs, et pour avoir creusé les cinq regards et la source de la fontaine en plusieurs et diverses saisons   160 livres.

A ung habitant de Suresnes, pour le desdommager d'une pièce de terre, qui estait ensemencée, qui luy a été guastée, et pour quantité de terre qui a été prise en sa dite pièce, pour couvrir les tranchées, où il manquait de la terre, a esté paié   12 livres.

A esté payé à ung sergent, qui a emprisonné le fontainier (1), faulte de travailler à ladite fontaine, suivant le marché   4 livres.

A esté payé, à plusieurs fois, pour le vin des garsons du fontainier, tant par le sieur Aubery que par le seigneur Du Carnoy, l'espace d'un an que l'on y a travaillé

12 livres 16 sols.

A ceux qui ont aidé à peser les thuyaux, pesant 27 357 livres, et pour leur nourriture de plusieurs et divers jours

20 livres.

A esté desboursé, pour avoir mené les officiers du sieur Cardinal de Gondi au village de Suresnes, pour visiter ladite fontaine, qu'il y voulait empêcher de conduire à Suresnes, tant pour leur nourriture que vacation   25 livres.

A esté desboursé, par le sieur Du Carnoy, pour le procès-verbal faict par les dits officiers et pour la lettre de don et permission obtenue du sieur Cardinal de Gondi, qui se prétendait seigneur de la dite Fontaine, ainsy qu'il est porté par le mémoire du dit sieur Du Carnoy, cy   60 livres.

Somme, 3 421 livres 8 sols.

De laquelle somme, en est deub par mademoiselle Gobelin   ung cinquiesme.

Montant, 685 livres 5 sols.

Par monsieur Du Carnoy   deux cinquiesme.

(1) La prison de Suresnes était dans la maison seigneuriale de la rue de la Barre, aujourd'hui rue du Pont. (H. B.)

Montant, 1 370 livres 11 sols.

Et par monsieur Aubery   deux cinquiesme.

Montant, 1 370 livres 11 sols.

État des travaux et fournitures.

Ce jour d'huy, 17ᵉ jour d'aoust 1606, l'on a commencé à poser les thuiaux de la Fontaine.

Et premièrement, a esté posé à la Fontaine de M. Aubery, ce qui ensuit :

Deux thuiaulx pesant............... 111 livres.

Dèux thuiaulx du pois de........ .. 137 —

Deux autres thuiaulx du pois de..... 128 —

  —   —   —   ..... 135 —

  —   —   --   ..... 127 —

  —   —   —   ..... 145 —

  —   —   —   ..... 149 —

Plus douze lingaux de soudure, pour joindre et souder les thuiaulx cy-dessus, qui se sont trouvez peser   40 livres.

Pour deux thuiaulx et soudure,   1 099 livres.

Sur quoy, convient déduire pour la pesanteur d'ung baston, qui aurait esté pesé avec lesdits thuiaulx,   16 livres.

Laquelle déduction faicte, reste que lesdits thuiaulx et soudure poisent   1 083 livres.

Plus, fault adjouter le premier thuiau, qui est à la source et poise   60 livres.

Plus ung autre thuiau d'une thoise ou environ, mis à la petite source, pesant   40 livres

Lesquels deux thuiaulx, adjoustez aux autres cy-dessus, montent à la quantité de ·   1 183 livres.

Du troisième jour d'avril, ont esté posez les thuiaulx ensuivant :

Huict thuiaulx, pesans 550 livres, lesquels ont une longueur de 10 pieds chacun, moings ung poulce.

Huict autres thuiaux pesans............ 517 livres.

  —   —-   —   .... 519 —

  —   —   —-   .... 540 —

Huict autres thuiaux pesans............. 556 livres.

—   —   —   500   —

—   —   —   546   —

—   —   —   575   —

—   —   —   585   —

—   —   —   534   —

—   —   —   523   —

Plus autres dix thuiaulx de neuf pieds de longueur, pesans.............................. 575 livres.

Neuf autres thuiaulx pesans............. 565   —

Dix   --   —   —   590   —

Dix   —   —   —   596   —

Dix   —   —   —   589   —

Dix   —   —   —   566   —

Plus autres neuf thuiaulx de neuf pieds de longeur ou environ, pesans..................... 546 livres.

Neuf thuiaulx pesans.................... 568   —

Neuf   —   —   548   —

Dix   —   --   561   —

Huit   —   —   524   —

Neuf   —   —   518   —

Dix   —   —   550   —

Douze thuiaulx, tant grands que petits,

    pesans............................. 564   —

Huict autres thuiaulx et deux petits, pesans. 473   —

La souldure nécessaire pour tous les thuiaulx cy-dessus a esté estimée, du consentement commung, peser le poids de   550 livres.

Somme....,........................ 15 334 livres.

Sur quoy, fault déduire pour la pesanteur de l'eschelle, sur laquelle ont esté pesez lesdits thuiaulx   550 livres.

Laquelle déduction faicte, reste que poisent lesdits thuiaulx et soudure   14 774 livres.

Du 23e juillet 1607.

Huict thuiaulx qui poisent.............. 544 livres.

Huict thuiaux pesans	. . . .	562	livres.
— — —	. . . .	556	—
— — —	. . . .	557	—
— — —	. . . .	562	—
— — —	. . . .	588	—
— — —	. . . .	562	—
— — —	. . . .	580	—
— — —	. . . .	599	—
— — —	. . . .	562	—

L'eschelle a esté comprise avec la soudure.

Somme. . . . .   5672 livres.

Plus a esté pesé, en la présence de Cyrot et Richer, 58 thuiaulx pesans, compris la soudure   3 480 livres.

Sur quoy fault déduire 140 livres pour l'eschelle, laquelle déduction faicte, reste   3 240 livres.

Plus, par le garson de M. Du Carnoy, en ma présence, 39 thuiaulx pesans   2 636 livres.

Sur quoy, fault déduire pour l'eschelle 150 livres, reste   2 485 livres.

Somme totale. . . . .   27 355 livres.

Aujourd'huy, 24e aoust, les thuiaulx ont esté thoisez et se sont trouvés monter à 666 thoises, qui doivent peser 40 livres la thoise   26 640 livres.

Pour raison de quoy, doibt estre paié au fontenier, suivant le marché faict avec luy   2 700 livres.

Et le surplus dudit prys, montant 715 deniers, luy doibt estre paié à raison de 18 deniers la livre qui revient (à) la somme de   53 livres 16 sols.

Somme de ce que fault au fontainier, suivant le marché faict avec luy   2 753 livres 15 sols.

Autres fraiz faictz pour ladite Fontaine.

A esté paié pour 666 thoises de tranchées et pour les reguards   153 livres 12 sols.

Item pour les canaulx de pierre, pour enfermer les thuiaulx, au Grand chemin, par quittance du 6ᵉ aoust 1607

                                      26 livres 10 sols.

Item pour 5 reguards de pierre de lioiz, par quittance du 17ᵉ décembre 1606 et 24ᵉ novembre 1607   45 livres.

Item pour les serrures et barres de fer pour fermer les reguards, par quittance du 15ᵉ septembre 1607

                                       16 livres 2 sols.

Pour la porte du reguard, compris la ferrure

                                       12 livres 10 sols.

Pour ung thuiau de fer blanc, pour jauger l'eau,   16 sols.

Au chertier, qui a mené au plomb des poix en balance au basteau (?)   47 sols.

Pour la terre, qui a esté prise pour couvrir les tranchées, a esté paié   10 livres.

Pour les notaires, qui ont passé le contract   6 livres 8 sols.

A Moreau, sergent, pour plusieurs commandements faictz audit fontainier et pour ung exploict d'emprisonnement, par quittance mise au bas dudit exploict. Cy   4 livres.

Plus a esté paié par M. Du Carnoy aux officiers de M. de Gondi pour   60 livres.

La massonnerie faicte par Bullet, tant au reguard de la source de la Fontaine que aux cinq reguards, qui sont par le chemin, et pierres prises pour enfermer le thuiau aux endroictz où passe le chemin, et tout ce qui est contenu en ses parties, a esté arresté à la somme de 186 livres, à la charge de réparer et recymenter le reguard de la source : 186 livres.

Tous les susdits fraiz montent à la somme de   3 277 livres.

Dont en est deub ung cinquiesme par mademoiselle Gobelin, montant   655 livres 8 sols.

Deux cinquiesmes par M. Du Carnoy, montant

                                   1 310 livres 16 sols.

Et deux cinquiesmes par M. Aubery, montant pareille somme   1 310 livres 16 sols.

De la lecture de ces documents nous pouvons conclure que, dès 1606, demoiselle Gobelin, Du Carnoy et Aubéry avaient la jouissance des eaux de la Fontaine des Vaux d'Or. Il est vrai d'ajouter qu'ils avaient déboursé la somme énorme, pour le temps, de 9 451 livres (1).

En 1607, intervient un acte capital, qui n'a été très probablement que la consécration d'un fait préexistant : nous reproduisons l'original en photogravure (fig. 12) et nous donnons une transcription plus facile à lire.

Acte de donation, 1er juillet 1607.

PIERRE, Cardinal DE GONDY, Comte DE JOIGNY, Seigneur DE VILLEPREUX, Conseiller du Roy en son Conseil d'Estat, Prince et Commandeur de l'Ordre du Saint-Esprit,... Evesque de Paris, Seigneur de la Terre et Seigneurie et Prevosté de Saint-Cloud, à cause de notre réserve, notre vicaire DURAND de PARTIÉ du... Seigneur de... A tous ceux qui ces présentes lettres verront, salut,

Scavoir faisons que, désirant gratiffier et favorablement traicter Monsr Mre AUBERY, Conseiller du Roy et Maistre des Requestes en son Hostel et ALBIN du CARNOY, Orfebvre et Valet de Chambre du Roy, et ayant esté adverti qu'il y a une Fontaine sur sa ditte Terre, Prevosté, Chastellenie, et Seigneurie de Saint-Cloud, qui demeure inutile, sans qu'aucun s'en serve ; mais au contraire qu'elle apporte beaucoup de dégast et incommodité aux vignes et héritages au long desquels elle prend son cours et sur les dites terres de Saint-Cloud et Suresnes où elle est assyse, en ung lieu vulgairement appelé le Vaulx d'or ; Voulant plustôt qu'elle serve aux dits sieurs AUBERY et du CARNOY, qu'elle demeure inutile et veu l'incommodité qu'elle faict aux vignes et héritages voisins par où elle est assyse.

(1) C'est-à-dire 28,353 francs de notre monnaie.

A ces causes, scavoir, considérations avec nous... Nous avons faict et faîsons par ces présentes don de la dite Fontaine aux dits sieurs AUBERY et du CARNOY et leur avons permis et permettons de faire enclore de murailles le bassin d'icelle Fontaine; d'en faire conduire l'eau, dupuict la source susdite jusques en leurs maisons, sizes audict lieu et village de Suresnes, avec canaulx et regards le long des sentiers et des chemins, qui sont tous en l'estendue des dites Terre et Seigneurie de Saint-Cloud, à la charge de deux deniers de cens, par chacun an, vers nous, devant notre vicaire et, après nous décédé, vers Mᵍʳ le Reverend Evesque de Paris et ses successeurs Evesques de Paris, paiables au jour Saint-Remy chacun an, à la recepte de nostre Terre, Seigneurie de Saint-Cloud et sommant à payer, au jour Saint-Remy prochainement venant, les dits deux deniers de cens portant lotz et ventes, deffaulx et amendes, quand le cas eschéera.

Et mandons et enjoignons à notre Prévost de nostre Terre et Seigneurie et Prevosté du dit Saint-Cloud ou son lieutenant, procureur fiscal ou autres, nos justiciers et officiers du dit Saint-Cloud, de laisser souffrir, jouir et user pleinement et paisiblement à mes dits sieurs AUBERY et du CARNOY de la dite Fontaine, aux charges cy-dessus, sans souffrir qu'il leur soit fait à venir aucuns troubles et empeschements, et devront faire enregistrer ces présentes au greffe et registre de notre Justice du dit Saint-Cloud, ensemble soussignés.

En témoin de quoy, nous avons signé ces présentes de notre main.

Faict à notre chambre ordinaire et avons faict mettre et apposer le scel et nom.

Donné, à Paris, ce premier jour de juillet, l'an de grâce mil six cent sept   Pour mon dict Seigneur :

PIERRE, Cardinal de Gondy   BERLANT.

La donation fut enregistrée dans la forme voulue, et voici le procès-verbal qui constate l'accomplissement de cette formalité.

Fig. 12. — Acte de donation, 1er juillet 1607.

Enregistrement, 27 novembre 1607.

A tous ceulx qui ces présentes lettres verront, Jehan Le Fevre, avocat en la Cour du Parlement, juge et garde de la Prévosté et Chastellenie de Saint-Cloud, pour Monseigneur le Révérendissime et Illustrissime Cardinal de Gondy, Seigneur du dict Saint-Cloud, salut.

Scavoir faisons que, veues les lettres de Monseigneur le Cardinal de Gondy, Seigneur du bourg de Saint-Cloud, à cause de sa réserve, obtenues par M. Aubery, Maistre des Requestes ordinaires de l'Hostel du Roy, et M. Albin Du Carnoy, Orfèvre et Vallet de Chambre de Sa Majesté, portant octroy et concession d'une Fontaine, assize en ung lieu appelé vulgairement le Vaux d'or, estant en l'estendue de la terre du dict Saint-Cloud et permission de faire conduire l'eau depuis la source jusques en leurs maisons, scizes au village de Suresnes,

Requeste à nous présentée par les dictz sieurs Aubery et Du Carnoy, afin de faire icelles registrer au greffe de la justice, conclusions du procureur fiscal, auquel le tout a été communiqué,

Nous ordonnons que les dictes lettres seront registrées au greffe de la justice, et ce faisant, jouiront les impétrans de l'effect et contenu en icelles, aux charges y mentionnées.

En tesmoingt de ce, nous avons faict mettre à ses présentes le scel de la dicte Prévosté et Chastellenie dudict Saint-Cloud.

Fait et donné, le mardy vingt-septiesme jour de novembre mil six cent sept.   *Signé* : Jehan LE FEVRE,

F. PHILIPPES.

Ainsi Pierre de Gondi donne la Source des Vaux d'Or et il donne le droit d'établir des canalisations en suivant les chemins et sentiers, qui sont *tous* sur le territoire de sa Seigneurie.

A cette donation était attachée une rente perpétuelle, qui a été abolie par la Révolution ; mais nous croyons

intéressant de reproduire la copie d'une pièce indiquant
la façon de procéder en usage, à l'époque révolution-
naire, pour le rachat des droits féodaux; nous l'empruntons à un contrat de vente d'une maison bourgeoise,
située au village de Suresnes, rue et Porte de Saint-
Cloud, c'est-à-dire tout-à-fait voisine du Château de la
Source; elle était vendue, par M. Joua et le tuteur à
la substitution dont il est grevé, à M. l'abbé Cochin
(Pierre-Simon), prêtre, ancien grand-chantre du chapitre de Saint-Denis en France, le 5 mars 1792
(Me Péron, notaire à Paris) :

Observé ledit sieur Joua que les objets présentement
vendus sont à la censive de la ci-devant abbaye de Saint-
Germain-des-Prés de Paris; qu'il a fait faire à MM. les Ré-
gisseurs des biens nationaux des offres réelles, pour le rachat
des droits féodaux, par exploit de Viet, huissier patenté, du
22 février dernier, enregistré à Paris par Cibo le même jour,
à l'effet de quoi il a subrogé en l'effet desdites offres, pour
ledit sieur Cochin suivre sur icelles le rachat de ces droits et
acquitter le montant d'icelui, ainsi qu'il s'y oblige et même
le parfaire, s'il y a lieu, sans diminution du prix ci-après.

Ainsi, soit avant l'acte de donation, soit après,
Du Carnoy et Aubéry ont fait des travaux considérables
et coûteux. Avaient-ils le droit de les faire, et tout
d'abord Pierre de Gondi avait-il le droit de leur permettre de les faire?

Si nous nous reportons à ce que nous avons dit de
Pierre de Gondi (1), nous voyons que c'était un personnage considérable. Il était Seigneur de Saint-Cloud,
et non seulement il était seigneur, mais il était encore
propriétaire. Il avait donc le droit de disposer de ce
qui lui appartenait à ce double titre.

(1) Voy. p. 24.

La mouvance de son pouvoir seigneurial s'étendait bien jusqu'à la Porte de Saint-Cloud à Suresnes, puisqu'il dit dans l'acte de donation de 1607 qu'il permet à Du Carnoy et à Aubéry de faire suivre, à leur canalisation, les sentiers, qui sont *tous* en l'étendue de la Seigneurie de Saint-Cloud. L'affirmation de Pierre de Gondi doit être prise pour vraie; c'est un titre qui en vaut bien un autre et qui doit faire foi jusqu'à preuve du contraire.

D'ailleurs, ces sentiers et chemins n'avaient nullement le caractère de chemins publics, ils ne faisaient pas partie du domaine royal, ils n'appartenaient pas davantage à la paroisse de Suresnes, ni à la commune de Suresnes, non existante alors; c'étaient, comme nous l'avons vu (1), de simples sentiers, qui, par leur nature, n'étaient pas hors du commerce.

Pierre de Gondi n'était pas homme à donner une chose qui ne lui appartenait pas, à entraîner, en des dépenses considérables, des amis, qu'*il désire gratifier et favorablement traiter*, pour ne leur procurer qu'une permission précaire, une permission de voirie; il a donné en toute propriété et *à toujours*.

D'autre part, Du Carnoy et Aubéry, les donataires, étaient, eux aussi, des personnages de quelque importance.

Enfin la forme de la donation rédigée par la chancellerie de Pierre de Gondi et l'observance de toutes les formalités requises en pareil cas, montrent bien qu'il s'agissait là d'un acte sérieux.

Nous concluons que, autorisés par qui de droit, Du Carnoy et Aubéry avaient pu valablement faire exécuter leurs travaux de canalisation.

(1) Voy. p. 19.

Depuis l'origine, tous les titres de propriété portent des stipulations relatives à la cession de la Source et de la canalisation, les vendeurs déclarant, dans les divers cahiers des charges, qu'ils vendent la Source avec les conduites et regards installés sur les chemins et sentiers.

Nous citerons en particulier l'acte de vente par lequel, le 14 août 1811, la Princesse de Vaudemont, qui, en 1806, avait déjà acquis de François Michel, la propriété du Château de la Source (1), a acheté de Mme veuve D. Fallois les eaux dépendant du Château de Suresnes (Mes Dunays et Yver, notaires à Paris).

Voici la description qui en est donnée :

Toutes les eaux qui appartiennent à Mme D. Fallois et qui dépendent de sa maison de Suresnes, à prendre dans la Fontaine sise audit lieu, vulgairement appellé le Veau d'or, pour les faire conduire dans la propriété de Mme de Vaudemont, lesquelles eaux forment vingt-cinq millimètres ou onze mille lignes de diamètre et composent le tiers de celles qui arrivent au réservoir étant dans une tourelle placée sur la propriété du sieur Michel, tel que ce droit appartient à la vendresse et qu'elle et ses auteurs en ont joui ou dû jouir, tant en conséquence d'une concession faite par M. le Cardinal de Gondi, lors Évêque de Paris, suivant des lettres du 1er juillet 1607, registrées au greffe de la ci-devant justice de Saint-Cloud, le 27 novembre de la même année, qu'en vertu d'une sentence rendue au ci-devant Tribunal des Requêtes du Palais à Paris, le 23 décembre 1624 (2).

Sont compris en la présente vente les tuyaux, canaux, auges, bassins et autres réservoirs ou conduits, qui servent à conduire les eaux au réservoir commun, pour la portion appartenant à ladite dame.

(1) Voy. p. 33.
(2) Voy. p. 81.

Ainsi que le tout se poursuit et comporte, sans aucune exception ni réserve, dont au surplus Mme de Vaudemont déclare avoir parfaite connaissance, pour les avoir fait voir et visiter et en être contente.

Pour, par elle, ses héritiers et ayants cause, en jouir, faire et disposer comme bon leur semblera et de chose leur appartenante, à compter de ce jour, faire conduire ces eaux dans les jardins ou partout ailleurs, si elle le juge à propos.

Mme Fallois en est propriétaire, comme étant une des dépendances de la maison par elle acquise, suivant jugement rendu à l'audience des criées du Tribunal Civil de première instance au département de la Seine, le samedi 7 juillet 1810, enregistré, sur la poursuite de licitation faite à la requête de Jacques-Joseph Maréchal, demeurant à Douai et autres héritiers bénéficiaires de M. Germain-François-Joseph Bourgeois, leur oncle, contre M. Charles-Augustin-François Fallois, la grosse duquel jugement a été transcrite au bureau des hypothèques de Saint-Denis, le 11 août 1810, volume quatre-vingt onze, numéro quatre-vingt-un, à la charge de plusieurs inscriptions et l'ordre et distribution du prix se poursuit en ce moment audit tribunal ; toutes les formalités pour purger les hypothèques légales, tant sur les vendeurs que sur les précédents propriétaires, ont été remplies, sans qu'il soit survenu d'autres inscriptions, suivant certificat de M. Trupigny, conservateur des hypothèques à Saint-Denis, en date du 18 mars dernier.

MM. Bourgeois et Fallois étaient propriétaires, chacun pour moitié, de cette maison et de ses dépendances, tant au moyen de la vente qui leur en avait été faite et aux sieurs Nicolas-Joseph Egrez et Pierre-Joseph Huvelle, par Mme Élisabeth-Marie-Suzanne Meuy, veuve du sieur Louis-Pierre-Sébastien Marchal Saincey, suivant contrat passé devant Me Silly, notaire à Paris, qui en a gardé minute, et son collègue, le 13 avril 1793, enregistré le 18 du même mois, qu'au moyen de ce que l'association, qui existait entre tous lesdits acquéreurs, n'a plus existé qu'entre MM. Bourgeois

et Fallois, tant par la retraite du sieur Huvelle et le décès
du sieur Egrez, que par la cession qu'a faite, au profit desdits sieurs Bourgeois et Fallois, le sieur Villaroy Montlaur,
par acte sous seing privé, du 18 pluviose an III, enregistré
à Paris par Lezan, le 22 brumaire an XIV, lequel sieur
Villaroy Montlaur avait été agrégé à ladite société pour un
cinquième, aux termes d'un acte passé devant Mᶜ Lambat,
notaire à Paris, qui en a gardé minute, et son collègue, le
13 septembre 1793, enregistré, ainsi au surplus que le tout
est plus amplement établi au jugement d'adjudication ci-
devant énoncé, auquel il est référé à cet égard.

Le tout appartenant à Mᵐᵉ de Saincey, comme légataire universelle de la dame Marie-Madeleine Péan, sa mère, veuve du
sieur Edme-Louis Meuy, son père, suivant son testament
par elle fait olographe, à Paris, le 27 juin 1787, confirmé par
deux codicilles, aussi olographes, étant ensuite en date du
26 septembre de la même année et 4 mars 1788, dont deux
doubles originaux ont été déposés à Mᵉ Demantoit, notaire
à Paris, le 1ᵉʳ février 1789, ces testaments et codicilles con-
trôlés, à Paris, le 4 du même mois de février, par Lezan, et
insinués aussi, à Paris, le 29 mai suivant, par le même,
desquels testament et codicilles l'exécution a été consentie
avec délivrance des legs y portés. Suivant un acte passé en
minute devant ledit Mᶜ Demantoit, notaire et son confrère, le
20 juin 1789, par François-Philippe Lefebvre, comme cura-
teur créé par sentence rendue au ci-devant Châtelet de
Paris, le 13 du même mois, insinué à la succession de la
testatrice, vacante, au moyen de la renonciation qui y
avait été faite par la venderesse, pour s'en tenir à la qualité
de légataire universelle, suivant un acte passé devant Mᶜ Demantoit, notaire et son confrère, le 26 mai précédent, ensuite
de l'inventaire ci-après énoncé, laquelle renonciation a été
insinuée à Paris, le 6 juin suivant, et la venderesse était
habile à se porter seule héritière de ladite dame sa mère,
ainsi qu'il est constaté par l'intitulé de l'inventaire fait
après son décès, par ledit Mᶜ Demantoit et son collègue, le

7 sept février de la même année 1789 et jours suivants.

Mme Meuy possédait cette maison et ses dépendances, dont font partie lesdites eaux : 1° comme ayant acquis le tout conjointement avec le feu sieur son mari, de la dame Anne-Blanche Louvet, veuve de M. Christophe-Joseph Pajot, par contrat passé devant Me Charlier, notaire à Paris, et son confrère, le 19 juin 1760, insinué à Saint-Cloud ; 2° comme ces objets lui ayant été attribués en entier, par acte contenant liquidation et partage des biens de la communauté d'entre elle et son mari, passé devant ledit Me Charlier, notaire et son collègue, le 26 décembre 1761, entre ladite dame veuve Meuy et ladite dame de Saincey, sa fille, héritière de M. Meuy son père, ainsi qu'il est constaté par l'intitulé de l'inventaire, fait, après son décès, par le même notaire et son collègue, le 31 mai précédent et jours suivants.

Mme Pajot est devenue propriétaire de cette maison et dépendances, comme lui ayant été délaissée en déduction des reprises et créances qu'elle avait à exercer contre la succession de son mari, suivant un acte passé devant Me Hachette, notaire à Paris, qui en garde minute, et son collègue, le 27 mars 1759, par le sieur Pierre Pajot, son beau-frère, seul héritier dudit sieur Pajot son frère, qui en avait fait l'acquisition, conjointement avec la dame son épouse, du sieur François Legendre et Marguerite Levieux, son épouse, par contrat passé devant Me Hachette, notaire à Paris, qui en a gardé minute, et son collègue, le 30 janvier 1749, insinué le 11 février même année et suivi d'un décret volontaire adjugé aux ci-devant Requêtes de l'Hôtel, le 16 septembre aussi de la même année.

Elle appartenait aux sieur et dame Legendre, comme l'ayant acquise de M. Charles-Philippe d'Albert de Luynes, suivant contrat passé devant Me Caron et son collègue, notaires à Paris, le 17 juillet 1739.

M. de Luynes avait recueilli cette maison et ses dépendances, comme faisant partie des biens de Mme Marie-Jeanne

Colbert, sa mère, veuve de M. Charles-Honoré d'Albert de Luynes et de Chevreuse, de laquelle il était héritier universel et contractuel, ainsi que cela est énoncé au contrat dernier énoncé.

Mme de Luynes l'avait acquise de M. Louis-Henri Berthelot, ancien Maître des Requêtes et dame Louise Piecourt sa femme, de lui autorisée, suivant contrat passé par devant Me Tessier, notaire à Paris, et son collègue, le 12 juillet 1729.

M. et Mme Berthelot en étaient eux-mêmes propriétaires, tant comme l'ayant acquise conjointement avec les sieurs Jean-Baptiste Amé et François Amé, de M. Jean-Baptiste de Gomont, suivant contrat passé devant Me Dutartre, notaire à Paris, et son collègue, le 28 juin 1708, que comme ayant réuni les portions qui appartenaient à MM. Amé, aux termes d'un écrit du 7 septembre 1717.

M. de Gomont et la dame son épouse en étaient propriétaires du chef de M. de Gomont, au moyen de la donation qui lui en a été faite en avancement d'hoirie par dame Anne Viscot, sa mère, veuve de M. Oudard de Gomont, par contrat passé devant Me Mouffle, notaire à Paris, et son confrère, le 14 avril 1693; ils appartenaient à ladite dame, comme lui étant échus par le partage, fait entre elle et ses enfants, des biens meubles et conquêtes immeubles de la succession de son mari, passé devant ledit Me Mouffle, le 30 septembre 1687.

M. Oudard de Gomont avait acquis ladite maison et dépendances de M. Louis de la Trémouille, s'étant fait et porté fort de dame Renée-Julie Aubéry, son épouse, suivant contrat passé devant Mrs Bonnot et Monier, notaires à Paris, le 17 avril 1666, ratifié par ladite dame, suivant acte passé, ensuite de l'expédition d'i celui passé devant Me Blandin, notaire à Cléry, présents témoins, le 23 mai, même année.

Mme de la Trémouille avait recueilli cette maison et ses dépendances de la succession de M. Jean Aubéry son père, dont elle était seule et unique héritière, lequel sieur Aubéry avait fait conduire lesdites eaux dans cette maison et les jardins qui en dépendent, comme lui ayant été données par M. le cardinal Pierre de Gondy, Évêque de Paris, lors Seigneur de Suresnes, Saint-Cloud, etc., suivant les lettres à lui octroyées, datées le 1ᵉʳ juillet 1607, registrées au greffe de la ci-devant Justice de Saint-Cloud, le 27 novembre de la même année, et encore M. Aubéry ayant été maintenu dans la propriété, possession et jouissance desdites eaux, aux termes d'une sentence rendue aux ci-devant Requêtes du Palais, à Paris, le 23 décembre 1624.

Ces documents sont très démonstratifs : la propriété de la Fontaine et de la canalisation appartient aux propriétaires du Château de la Source et du Château de Suresnes.

Encore bien que l'histoire *civile* de la Fontaine des Vaux d'Or fût l'objet principal de mes recherches, je n'eus garde d'oublier son histoire *physique* et, dans le but d'avoir un renseignement précis, je m'adressai à un de nos ingénieurs les plus compétents en matière de captage de sources, M. E.-S. Auscher.

Voici le rapport qu'il eut l'obligeance de me remettre sur la Source des Vaux d'Or.

Rapport à M. Henri Baillière sur une source située près du viaduc du chemin de fer de Paris à Versailles, r. d., au lieu dit les Vaux d'Or.

Nature géologique du sol. — La source dont il s'agit se compose d'une série de griffons, actuellement captés en deux puits (puits d'amont et puits d'aval).

La nature géologique du terrain est très difficile à déterminer exactement, à cause de la situation topographique ;

car cette source est située au voisinage d'un pli de terrain, où les eaux superficielles ont modifié la nature des couches bouleversées par des éboulements successifs, qui se sont produits à des époques déjà lointaines.

Le croquis théorique ci-contre (fig. 13) montre la cause de la présence de cette source en cet endroit. Les éboulis ont été traversés primitivement par ces eaux, qui devaient jaillir librement aux points S et S'.

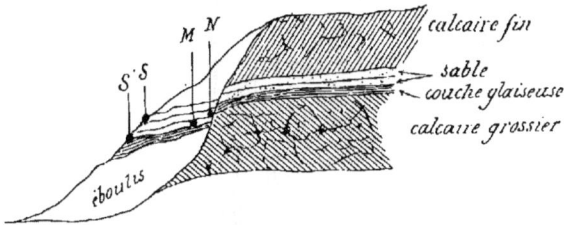

Fig. 13. — Coupe géologique des Vaux d'Or.

SS', points où l'eau devait jaillir librement; MN, points où ont été faits les captages.

Le captage a été fait en amont de ces points, en M et N, car les deux couches sableuses que j'ai indiquées, séparées par une légère couche calcaire, donnent lieu à deux niveaux aquifères.

Captage. — Il y a eu un premier captage, qui ne comprenait que les eaux du niveau aquifère supérieur (fig. 14); pendant les crues de sources, il a dû se produire des ensablements du puits d'amont, de sorte que l'on a approfondi ultérieurement le puits d'amont jusqu'au niveau aquifère inférieur.

Toutes les eaux des deux niveaux sont donc actuellement captées par les deux puits, dans des conditions exceptionnelles.

Les sables, qui, de même que les vases, pourraient être entraînées, sont décantées dans le puits d'amont, de sorte que les eaux sont d'une extrême limpidité.

Les travaux exécutés pour ce captage sont solidement

5

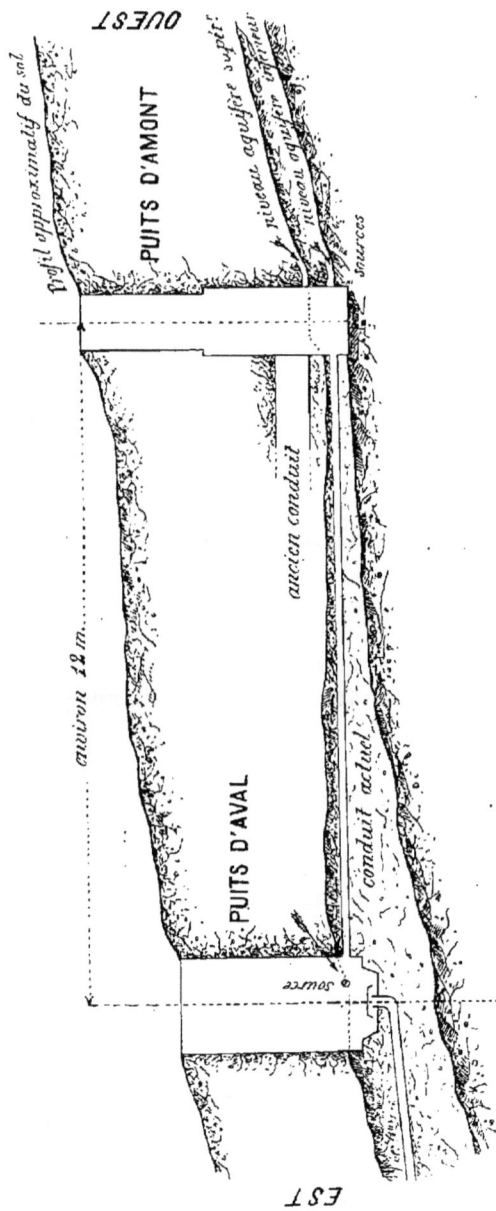

Fig. 14. — Les deux puits de la Fontaine des Vaux d'Or.

faits et judicieusement disposés, et il y aura intérêt à ce que les niveaux aquifères indiqués ne soient point souillés par des eaux superficielles venant d'amont. Des travaux de construction étant projetés dans la région, il y aura lieu de veiller à ce que des fosses d'aisance non étanches ne soient point établies dans ces couches.

Présenté le 5 novembre 1898, avec deux croquis descriptifs.

E.-S. AUSCHER.

A côté de ces coupes géologiques, qui nous font pénétrer dans l'intérieur de la terre et nous montrent ce qui est caché aux regards, nous avons eu la pensée de donner la vue du site où vient sourdre la Fontaine des Vaux d'Or.

Fig. 15. — Les Vaux d'Or et le viaduc des Cinq-Arches, d'après une photographie de M. Maurice Baillière.

C'est, nous l'avons dit, sur le coteau de Saint-Cloud, à l'extrême limite de cette commune, un peu en aval du grand viaduc du chemin de fer de Paris à Versailles (rive droite), qui a reçu le nom de *Viaduc des Cinq-Arches* (fig. 15) et qui est à cheval sur le

Fig. 16. — Puits d'amont ; l'auteur se tient sur le tampon, pour mieux
en désigner l'emplacement, d'après une photographie de M. Maurice Baillière.

Fig. 17. — Le tampon du puits d'amont, d'après une photographie
de M. Maurice Baillière.

Fig. 18. — Puits d'aval, d'après une photographie
de M. Maurice Baillière.

Fig. 19. — Le tampon du puits d'aval, d'après une photographie
de M. Maurice Baillière.

Chemin des Vaux d'Or, servant de limite à la commune de Suresnes et à la commune de Saint-Cloud, et en même temps au département de la Seine et au département de Seine-et-Oise.

C'est derrière le viaduc que se trouve le point terminus du Chemin de fer du Bois de Boulogne, appelé *le Val d'Or*, qui est devenu un but de promenade pour beaucoup de Parisiens.

Les deux puits sont sur la gauche du Chemin des Vaux d'Or.

Nous donnons quatre vues représentant les deux tampons de pierre qui recouvrent les deux puits, le puits d'amont (fig. 16 et 17) et le puits d'aval (fig. 18 et 19).

Nous avons choisi à dessein, pour faire ces photographies, un temps de neige ; les tampons, qui disparaissent sous l'herbe au printemps, sont plus visibles et se détachent mieux sur la neige qui couvrait encore le sol.

V. — LES PREMIÈRES DIFFICULTÉS

L'histoire judiciaire de la Fontaine des Vaux d'Or s'ouvre par un différend qui s'éleva, en 1610, entre Du Carnoy et Aubéry, donataires de M. le Cardinal de Gondi d'une part, et demoiselle Esther Le Feron, veuve Gobelin, d'autre part.

Nous avons déjà vu le nom de cette demoiselle dans les comptes du fontainier (1) ; mais nous n'avons pas pu savoir quelle était l'origine du droit de copropriété de la Fontaine qui reposait sur sa tête. Il est vrai qu'au cours du procès de 1624 (2), elle dira que, « de tout temps et ancienneté, elle et ses prédécesseurs avaient été et étaient propriétaires d'un demi-arpent de vigne, au lieu dit le Vau d'Or, au milieu duquel était une source d'eau vive. » Mais ce n'est pas là un titre bien solidement établi. La question n'a du reste pas grand intérêt, car si nous ignorons comment son droit de copropriété a commencé, nous ignorons également comment il a pris fin. Elle n'a fait que traverser l'histoire de la Source, et elle et ses représentants ont cessé, depuis longues années, de compter au nombre des propriétaires.

En tout cas, la pièce suivante explique suffisamment les faits :

Entre damoiselle Esther Le Feron, veuve de deffunct maistre Jacques Gobelin, vivant advocat au Parlement,

(1) Voy. p. 48.
(2) Voy. p. 89.

appelante d'une sentence rendue par les gens tenans les
Requestes du Palais à Paris, le 24 juillet 1610, et deman-
deresse en requeste d'evocquacion du principal, d'une part.

Et maistre Jehan Aubéry, Conseiller du Roy et Maistre
des Requestes ordinaires de son Hostel et Albin du Carnoy,
Orfebvre et Vallet de Chambre du Roy, inthimés et deffan-
deurs, d'autre part.

Appoincté est que la Cour, oy sur ce le Procureur Général
du Roy, a mis et mect l'appellation au néant sous amende,
a ordonné et ordonne que ce dont a esté appellé sortira son
plein et entier effect, a evocqué et evocque le principal
differand d'entre les partyes pendans aux requestes.

Et y faisant droict, du consentement des partyes, a ordonné
et ordonne qu'aux frais commungs d'icelles partyes sera
faict un regard, pour assembler toutes les eaux, tant de la
principalle source de la Fontaine du Vaudor que des fillons,
au lieu, et ainsy qu'il a esté rapporté par les expers par le
procès verbal de visitacion, faict par devant l'ung des comys
de la dite Cour à ce commis, le 27ᵉ septembre 1611 et autres
jours en suivans.

Et outre, qu'il sera faict, à l'entrée du village de Suresnes,
en l'une des tours d'iceluy ou autre lieu comode, qui sera
advisé entre les dites partyes, une cuvette de plomb, en la
forme et haucteur que les dits experts l'ont rapporté par le
dit procès verbal. En laquelle seront apposés trois robinets
et trois thuiaux de plomb d'égalle grosseur, pour estre con-
duictz chacun d'iceux es-maisons des dites partyes, et que
le surplus des thuiaux et regards qui se trouveront gastés
seront réparés, ainsy qu'ils seront trouvez nécessaires par
les dites partyes.

Pour faire et parfaire les dites réparations, ont les dites
partyes dès à présent convenu de la personne de Sejourné,
maistre fontainier, avecq lequel elles conviendront de prix,
si faire se peult, sinon avecq tel autre qu'elles adviseront
bon estre.

Et quant aux réparacions nécessaires à l'advenir, la dite

Cour a permis et permect à chacune des dites partyes de faire réparer les thuiaux, robinetz, regards et aultres ouvrages de la fontaine qui se trouveront gastés, sans qu'il soit tenu de sommer les aultres partyes, lesquelles seront tenues de rembourser, selon la déclaration qu'il baillera et affirmera être véritable, dont il sera creu a son serment, jusques à la somme de vingt livres.

A faict et faict deffense aux partyes d'applicquer ou faire applicquer aucun thuyau au dessus de la dite cuvette, pour s'en servir en son particulier, a peine de cens livres, applicables aux pauvres de l'Hostel Dieu de Paris et de tous despens, dommages et interestz.

Et auront les partyes chacun une clef du principal regard de la dicte fontaine et de la susdite cuvette, sans despens de causes principalles et d'appel.

AUBERY,

ALBIN DU CARNOY.

Voilà donc les parties d'accord ; et, dès 1611, les malfaçons constatées obligent Aubéry, Du Carnoy et demoiselle Esther Le Feron, à faire de nouvelles tranchées et à y placer des conduites neuves, comme le prouve la copie suivante du marché fait pour réparations à la Fontaine.

Copie du marché fait pour réparations à la Fontaine.

Étant présent en sa personne Nicolas Valleranne, maistre fontaynier, demeurant au faubourg Saint-Honoré, paroisse Saint-Roch,

Lequel a recongnu et confessé avoir faict marché, promis et promet à

Noble homme Monsieur Jehan Aubery, Conseiller du Roy en son Grand Conseil, demeurant rue...

Noble demoiselle Esther Le Féron, veuve de feu noble

homme M⁰ Jacques Gobelin, vivant advocat au Parlement, demeurant rue...

Et noble homme Albin du Carnoy, Orfèbvre et Vallet de chambre du Roy, demeurant rue Saint-Honoré, paroisse Saint-Eustache.

De faire venir et conduire l'eau d'une fontaine, vulgairement appelée le Vaudor, scize et scituée au milieu de l'héritàsge et vigne de ladite demoiselle Gobelin, sur le terroir de Saint-Cloud, entre ledit Saint-Cloud et Suresnes, distant dudit village de Suresnes de six à sept cens thoizes (1) ou environ, depuis la source d'icelle fontaine, que ledit Valleranne fera nettoyer et couvrir de terre glaize, pour ramasser toutes les sources en une, jusques et au dedans du villasge du dit Suresnes, au lieu où est la maison seigneurialle appellée « la Prévosté », icelle fontaine appartenant à ladite damoiselle et aux dits sieurs Aubery et du Carnoy par tiers.

Et, pour cest effect, promect et s'oblige le dit Valleranne de fournir tous les canaux et tuyaulx de plomb, bien et deuement soudez, lesquelz il sera tenu de poser sur les lieux et fournir aussy les robinetz qui seront nécessaires pour les regardz et ventouzes. Lesquelz tuyaulx et canaux, il sera tenu de faire de quarante livres chacune thoize, y compris la soudure, et de telle espesseur qui sera de besoing et nécessaire pour la conduite de ladite eau.

Et sera tenu aussy ledit Valleranne, au premier jour, ramasser lesdites eaux et faire travailler au réservoir, en fournissant pour ladite damoiselle Gobelin, sieurs Aubery et du Carnoy la massonnerie, massons et terres qui seront nécessaires et faire creuzer les tranchées de telle profondeur que besoing sera, avec les ferrures.

Et après que toute ladite eau aura été ramassée et jaugée, s'il se trouve que lesdits canaux et tuyaulx, du prix desdites quarante livres pour chacune thoize, ne soient de grosseur et force assez suffisante pour la conduicte de la

(1) 1 364 mètres : la toise représente 1ᵐ,949. (II. B.)

dicte eau, ledict Valleranne sera tenu et a promis de les augmenter à la vollonté de ladite damoiselle et des dictz sieurs
Aubery et du Carnoy, en luy paiant par eulx dix huict
deniers pour chacune livre de plomb, qui sera augmentée
par dessus lesdicts quarante livres pour chacune thoize,
oultre le prix cy après déclaré. Tous lesquelz tuyaulx,
canaux et robinetz, ledit Valleranne sera tenu et a promis
les rendre faictz et parfaictz bien et deuement, au dire
d'ouvriers et gens ce congnoissans, devant la fin du mois
de septembre prochainement venant, pour iceulx poser par
luy, incontinent après les vendanges faictes, sur les lieux, et
travailler incessamment jusques à ce qu'il ayt entièrement
posé lesdits tuyaulx et canaux. Lesquels il sera tenu de partager également entre les dessus dicts mesmes, de faire les
tuyaux particuliers, et iceulx conduire et mener jusques en
dedans de la cour de ladicte damoiselle Gobelin et du sieur
du Carnoy. Et, pour le regard du dit sieur Aubéry, sera tenu
et a promis ledit Valleranne luy conduire l'eau depuis ledict
lieu de la Prévosté jusques au milieu de la cour de son logis,
le tout sceiz au dit Suresnes, fournir par ledit Valleranne
les tuyaulx de plomb de la grosseur nécessaire et aussi
fournir les robinets nécessaires.

Ce marché et promesse faictz moiennant et suivant le
marché de la toize et non en somme arrestée ains... en
toizes, que ladite demoiselle Gobelin pour la cinquiesme
partie, ainsy qu'il a esté par lesdits sieurs Aubery et du
Carnoy accordé, ont promis, seront tenuz et promettent
bailler et paier au dit Valleranne ou au porteur en cette
masnière, assavoir : 1 500 livres tournois d'huy en huict
jours prochainement venant ; 600 livres tournois, lorsque
ledit Valleranne aura posé la moitié des dits tuyaulx, canaux et robinetz et autres choses nécessaires pour la conduicte de ladite eau ; et le surplus montant la somme de...
après que le tout sera bien et deuement faict et parfaict, au
dire d'ouvriers et de gens à ce cognoissans, comme dict est,
et visitation faicte.

Et oultre tout ce que dessus, le dit Valleranne s'est obligé et promect par ces présentes entretenir à ses propres coustz et depens les dictz canaux et tuyaulx qu'il fera, tant en général que particulier, pendant le temps et espace de dix ans entiers, en baillant bonne et suffisante caution de tout ce que dessus, sans que luy en soict payé par eulx aulcune chose, pourvu qu'ilz ne soient rompuz à escient par fortune de guerre ou malice d'aulcune personne.

Car ainsy le tout a été accordé entre les dites parties, et, pour l'exécution des présentes, le dit Valleranne a esleu et eslist son domicile perpétuel et irrévocable, en ceste ville de Paris, en la maison de...

Auquel lieu il veult, consent et accorde que tous exploictz, commandemens, significations, sommations et autres actes de justice, qui y seront faictz ; soient de tel effect, force et vertu, comme si faictz étaient parlans à sa propre personne et vray domicile, promectans et obligeans, et chacun endroict soy, le dit Valleranne, corps et biens, renonçant....

Faict et passé.

Une fois ce point réglé, une nouvelle difficulté s'éleva entre les anciens ennemis, devenus alliés, et les Religieuses, Abbesse et Couvent de l'Humilité de Longchamp (1), qui étaient propriétaires d'un vaste

---

(1) L'Abbaye de Longchamp a été fondée, en 1260, par Isabelle, sœur de saint Louis, qui consacra à la fondation de ce couvent une somme de 30 000 livres parisis, reçue du Roi son frère.

Les Religieuses, dont Isabelle était la supérieure, s'appelaient, aux termes d'une bulle du Pape Urbain IV, *Sœurs mineures de l'Humilité de Notre-Dame, Clarisses, Urbanistes de l'ancien monastère de Longchamp*. Isabelle donna l'exemple de la piété et de la modestie, allant elle-même à la Seine puiser l'eau qui lui était nécessaire ; elle demanda à l'exemple de sa mère, la reine Blanche, la faveur d'être déposée sur de la paille pour y rendre l'âme ; elle fut inhumée le 24 février 1269 et béatifiée le 19 janvier 1321 par le Pape Léon X.

Dans la suite des temps, le luxe, les richesses, la licence entrèrent dans le monastère, avec les princesses et les châtelaines de haute lignée et remplacèrent les vertus de la sœur de saint Louis.

Le 25 octobre 1652, M. Vincent, plus connu sous le nom de saint

domaine, situé sur la rive droite de la Seine et occupé aujourd'hui par M. de Rothschild et le Champ de courses du Bois de Boulogne.

Les Dames de l'Humilité prétendaient qu'Aubéry, Jacqueline Du Carnoy et demoiselle Esther Le Feron avaient détourné à leur profit la Source des Vaux d'Or, qui leur appartenait et qui primitivement venait arroser leur propriété en passant sous la Seine dans un siphon.

Le procès fut engagé le 20 mai 1615 et se termina par un arrêt de la Chambre des Requêtes du Palais, en date du 23 décembre 1624 : il avait duré neuf ans et demi.

Au cours du procès, une enquête fut ordonnée par sentence exécutoire du 5 février 1619 ; elle fut faite par François de Machault, Conseiller du Roi en sa Cour du Parlement et Commissaire des Requestes du Palais de justice, sur le droit prétendu par les Dames de Longchamp de tirer leurs eaux de la Fontaine des Vaux d'Or (1).

J'ai lu cette volumineuse enquête, qui forme un volume in-4 de 472 pages en belle écriture du commencement du xviie siècle, mais un peu difficile à déchiffrer.

J'ai appris que l'enquête a commencé le 22 juin 1619 et n'a été terminée que le 3 avril 1620. Elle s'est poursuivie, tantôt au village de Suresnes, en l'hostellerie où pend pour enseigne l'image de saint

---

Vincent de Paul, supérieur de la congrégation de la Mission, dans une lettre adressée au Cardinal Mazarin, regrettait que « le doux parfum du Christ ait fait place à l'odeur infecte de l'indiscipline et de la corruption des mœurs ».

Bientôt furent inventés les concerts spirituels de la Semaine sainte, que la mode adopta ; puis, quand l'église fut fermée, par ordre de M. de Beaumont, Archevêque de Paris, la promenade succéda au pèlerinage.

Sous la Restauration, le monastère fut vendu et démoli.

(1) Archives nationales, Q¹, 1067.

Jacques, puis en l'hostellerie où pend pour enseigne
l'image de saint Jullien ; tantôt sur place, au lieu dit
les Vaux d'Or, au milieu de la vigne où naît la Source ;
tantôt dans l'Abbaye de Lonchamp, où l'on recherche
la trace des tuyaux de plomb, des auges en pierre, des
bassins, des réservoirs, des robinets, à travers les cours,
les jardins, les préaux, les cloîtres, les cuisines, les
réfectoires ; tantôt enfin en l'hôtel de M. de Machault,
qui demeurait rue Cloche-Percée, à Paris.

On y voit défiler un certain nombre d'habitants de
Suresnes, de Saint-Cloud, de Boulogne, choisis parmi
les plus anciens, qui peuvent avoir quelques souvenirs de l'état primitif des lieux. Je citerai :

Gilles Fleurance, vigneron, qui déclare que, quand il pas-
sait à l'endroit où est à présent bâti un regard, il buvait de
l'eau qu'il puisait avec son chapeau, dans le bassin de la
Fontaine ;

Nicolas Garnier, qui déclare qu'il y avait un regard, que
son père le lui avait montré il y a 55 ans, qu'il y avait des
tuyaux qui conduisaient l'eau au travers de la Rivière de
Seine dans l'abbaye de Longchamp ;

Antoine Blanchet, vigneron, qui déclare qu'il y a 45 ans,
lorsqu'il était eschollier, il allait quelquefois puiser de l'eau
et boire à la Fontaine des Vaux d'Or ;

Jehan Bullet, maçon, qui raconte qu'il a travaillé à la
Fontaine pour le compte d'Aubéry (1) et qu'il a vu, au mur
qui sépare le regard du bassin, quelques lettres anciennes
gravées dans une pierre, lesquelles il n'a pu lire ni connaître, mais qu'il a entendu dire que l'eau appartenait aux
Religieuses ;

Roch Auger, vigneron, qui déclare que son père lui a dit
que la Fontaine appartenait aux Religieuses de Longchamp ;

(1) Voy. p. 47.

Il y en a encore. un certain nombre d'autres, qui
déposent dans le même sens.

Par contre, Rigault et Feydeau s'offrent de montrer,
« *au doigt et à l'œil* », que les Religieuses n'ont
jamais fait venir dans l'Abbaye les eaux de la Fontaine des Vaux d'Or.

Comme dans toutes les enquêtes, il y a bien des
témoignages contradictoires.

Les plus ardents à la discussion étaient du côté des
Religieuses, Hugues Harpin, procureur à la Cour, et
du côté d'Aubéry et consorts, Florent Vigneron, également procureur à la Cour.

Quant à Aubéry, il fait souvent défaut, empêché
qu'il était par le service du Roi en Touraine et en
Anjou.

Très embarrassé, M. de Machault chargea un
maître peintre, Lallemand, de faire « la figure des
lieux, endroits et choses mentionnés au procès
verbal ».

Cette figure, d'abord vivement critiquée par Rigault et Feydeau, qui obtinrent quelques correc-
tions, fut communiquée à Florent Vigneron; celui-ci
garda la pièce plus que de raison, et ne la
restitua qu'à la dernière extrémité; encore contesta-
t-il contre les indications qui y étaient contenues.
Voici dans quels termes il le fit (1) :

Par le dit Vigneron, au dict nom, assisté comme dessus, a
esté dit qu'après avoir eu communiquation de la dite figure,
qui a esté cy devant par lui, au dit nom, rapportée et remise
entre nos mains, suivant nostre ordonnance, et ayant été
par lui exactement vue et considérée, qu'il demeure d'ac-

(1) Archives nationales, Q¹, 1067, fol. bmˣˣcbj (verso).

cord que la description du grand chemin représenté sur la
dite figure depuis la porte du village de Suresnes jusques à
Croix y figurée, lequel grand chemin se continue de la dite
Croix à main droite, pour aller à Rueil, et par lequel passent
les harnois;

Et quant à l'autre chemin, tiré de ladite Croix en droite
ligne vers un petit sentier qui conduit à la vigne appartenant à la dite damoiselle Gobelin, dans laquelle est la dite
Fontaine des Vaux d'Or dont il est question, il soutient que
le dict chemin n'est bien représenté et qu'il y a là faulte en
la figure d'icelluy, premièrement, en ce qu'il est dépeint et
figuré comme un grand chemin et de la même largeur que
l'autre grand chemin ci-dessus qui conduit à Rueil; or
neantmoingts que ce n'est qu'un petit chemin, qui va au
travers des vignes vers Saint-Cloud et d'où passe et rapasse
un homme seulement.

En second lieu, parce qu'il y a ung aultre grand chemin
à charrettes et harnois, qui traverse le susdict grand chemin
qui est entre la dite Croix et la Porte, le quel descend vers
la Rivière et se continue jusqu'à Saint-Cloud, par le quel les
harnois, chariots et carosses passent, qui n'est désigné en
la dite figure que comme un petit sentier qui n'a nulle entrée en aucun lieu du côté de Suresnes. Et n'y a aucun
autre chemin.

En troisième lieu, le peintre a oublié de représenter un
autre chemin ou sentier, prenant son origine du grand chemin qui va de la Croix à Rueil, au travers duquel l'on passe
pour aller aux vignes de Dame Lesguillon vers la Fontaine
des Vaux d'Or.

Ce qui montre que la dicte figure ne se rapporte à la
vérité et qu'elle ne contient la vraie désignation des lieux.

Et Vigneron continue ses contestations : il conteste
sur la figure et la position des regards, sur la position
de la Fontaine, sur les distances par rapport aux

chemins, etc. ; ses dires n'occupent pas moins de vingt pages de l'enquête.

Hugues Harpin répond :

Que Aubéry ne trouvera jamais rien bon de tout ce qui a été et sera fait en toute ceste procédure, d'autant que par icelle il se voit clairement qu'il tient le bien d'autrui contre tout droit et justice ;

Conclut le dict Harpin, au dict nom, qu'il soit dict que la dicte figure demeurera en l'état qu'elle est, pour servir au jugement du procès.

Il fallait en finir ; alors M. de Machault prononce dans ces termes :

Ordonnons qu'il sera par nous présentement procédé à l'exécution de la dite sentence et en ce faisant, savoir sur icelle de chacun des lieux et endroits montrés et figurés en icelle, nonobstant l'opposition et empeschements des dicts sieur Aubry et consorts et sans préjudice d'icelle.

Malheureusement je n'ai pas trouvé « la figure des lieux, endroits et choses », qui devait être jointe à l'enquête et qui est mentionnée dans l'arrêt (1) : elle aurait été sans doute fort intéressante.

L'enquête est finie : nous sommes au 3 avril 1620. Le procès va se poursuivre ; mais l'arrêt ne sera rendu que le 23 décembre 1624.

Nous en devons la transcription complète à l'obligeance et à la compétence de M. Maurice Prou, aujourd'hui Professeur à l'École des Chartes.

Arrêt du Parlement concernant la Fontaine du Vau d'or.

A tous ceulx qui ces présentes lettres verront, les gens tenans les Requestes du Pallais à Paris, Conseillers du Roy,

(1) Voy. p. 90.

nostre Sire, en sa Cour de Parlement, et Commissaires en ceste partie, Salut.

Comme procès et différend ayt esté meu et pendant par devant nous, entre :

Les Religieuses, Abbesse et Couvent de Longchamp, demanderesses, aux fins de l'exploict du vingtiesme jour de may mil six cens quinze, d'une part,

Et

Messire Jean Aubéry, Conseiller du Roy en ses Conseils d'Estat et privé, et Maistre des Requestes ordinaires de son Hostel,

Damoiselle Jacqueline du Carnoy, fille et héritière par bénéfice d'inventaire de deffunct Albin du Carnoy, Orfebvre et Vallet de Chambre du Roy, authorisée par justice, du reffus de maistre Nicolas de Baignaux,

Damoiselle Esther Le Feron, veuve de feu maistre Jacques Gobelin, vivant advocat au Parlement,

Deffendeurs, d'autre part,

Pour raison de ce que les dictes demanderesses disoient qu'incontinent après la fondation et dotation de leur église et Abbaye dudit Longchamp fondée, il y a près de quatre cens ans, pour la commodité d'icelles, fust basty ung regard à l'endroict de certain amas de plusieurs sources d'eaues vives, à elles données par Pierre du Pont de l'Arche, en ung lieu scitué entre le bourg de Suresnes et celui de Saint Cloud, vulgairement appelé le Vaudor, et, pour, dudict lieu, conduire lesdictes eaux en ladicte Abbaye, furent faictes à grandz fraiz des auges de pierre, et, dedans icelles, mis des canaux de plomb qui traversaient la rivière de Seine et alloient depuis ledit regard jusque dans ladicte Abbaye, et, en ceste sorte, avoient eu depuis leur cours ordinaire, tellement que les dictes demanderesses en avoient toujours jouy et usé paisiblement, jusques aux troubles advenus en ce Royaulme (1), par le moyen desquelz, lesdits canaux avoient été par la viollance des guerres rompus et le plomb emporté,

_____

(1) Les guerres de Religion. (H. B.)

n'ayant les dictes demanderesses, à cause de la pauvreté de leur maison (1), eu moyen de le racommoder et restablir, au moyen de quoy les dictes eaux de la source avoient pris leur cours, par quelque sentier de vigne, pour se rendre en la riviere de Seine, non trop éloignée de la dicte source ;

Et serait arrivé que, depuis huict ou neuf ans, les deffendeurs, de leur authorité privée, et par une espèce de droict de bienséance, se seroient accommodez de la dicte source et Fontaine du Vaudor, et y auroient faict faire et construire un bassin et regard, et par le moyen d'icelluy auroient diverty le cours ordinaire des dictes eaux, et icelles faict conduire par des canaux en leurs maisons particullières, scizes audict village de Suresnes, au desceu et prejudice des dictes demanderesses ;

C'estoit pourquoi elles avoient faict appeller en la dicte Cour lesdits deffendeurs, pour voir et ordonner qu'il leur seroit loisible de se servir de la dicte fontaine et restablir le regard, canaux et conduicts, comme ils estoient anciennement, pour faire couler l'eau et la conduire en ladicte abbaye pour la commodité d'icelle ;

Les deffendeurs, voyans que, contre tout droict, ils s'étoient emparez de la dicte fontaine, au lieu de deffendre à la dicte demande, se seroient laissés débouter de deffense, laissant produire lesdictes demanderesses, mesme faire leur enqueste ;

Ensuitte de ce, ilz auroient appellé, et, leur appel rellevé en Parlement, où enfin la cause ayant esté plaiddée à l'audience, à la dilligence des dictes demanderesses, ledict Aubéry auroit lors déclaré qu'il ne voulloit soubstenir son appel, et, pour le regard des autres deffenses, ils auroient demandé estre reçus à proposer les deffenses en reffondant les despens des desfaults et contumasses ;

Sur ce, seroit intervenu arrest, donné en plaiddant, le

---

(1) Cette pauvreté invoquée était sans doute un peu feinte, car le temps n'est pas loin où M. Vincent dénoncera le luxe et le désordre de l'Abbaye. (H. B.)

vingt septiesme jour de janvier mil six cens dix sept, par
lequel, à l'esgard dudit Aubéry, l'appellation auroit esté
mise au néant, ordonné que ce dont estoit appel sortirait
son effect, lui condamné aux despens de la cause d'appel et,
pour leur faire droict sur les autres appellacions, ensemble
sur la requeste présentée par les dictes demanderesses à fin
d'évocation du principal, les parties appoinctées au Conseil ;

En conséquence de quoy, elles auraient escript et produict respectivement, et, sur leurs productions serait intervenu autre arrest, le quinzième jour d'avril au dict an mil
six cens dix sept, par lequel, pour le regard de l'appel du
troisième juillet mil six cens quinze, l'appellation mise au
néant, et ordonné que ce dont estait appel sortiroit son plein
et entier effect, et, faisans droict, que les autres appellations,
ayans esgard aux lettres obtenues par les appellans, les
appellations, et ce dont estait appel, mises au néant, demeurent, néantmoings l'enqueste faicte à la requeste des dictes
demanderesses en vertu des dictes sentences, les appelans
reçus à proposer leurs deffenses, tout ainsy qu'auparavant
lesdicts deffaults, contumaces et sentences ;

Et pour ce faire et faire droict aux parties, sans avoir
esgard à la requeste à fin d'évocation, les parties renvoyées
en la Cour de céans, où il auroit esté dict que ladicte enqueste seroit portée, sauf les reproches et salvations des
parties, les appellans condamnez aux despens, tant des des-
faultz et contumaces que cause d'appel, ceulx de la requeste
afin d'évocation du principal reservez ;

En suitte de quoy, les desfendeurs ayant fourni des des-
fenses sur les contestations des parties, elles auroient esté
appoinctées en droict ;

Sur quoy, disoient lesdictes demanderesses qu'elles se trou-
veroient bien fondées en leurs demande, fins et conclusions ;
qu'elles vériffiroient, tant par lettres et tesmoings, qu'à elles
appartenoit ladicte fontaine du Vaudor, qu'il y avoit de
tout temps et anciennetté des auges de pierre de taille et
canaux de plomb, par le moyen desquels de ladicte fontaine

et source l'eau restoit conduite, au travers de la rivière de
Seine, dedans ladicte abbaye, en laquelle et hors d'icelle
estoient encores les vestiges des canaux et bassins ; que,
dedans le regard de la dicte fontaine, avoit esté veu, il n'y
avoit pas longtemps, un escusson gravé sur la pierre aux
armes de France, avec une crosse au milieu ; à l'entour dudit escusson d'escriture fort ancienne, l'ancien regard ou
réservoir, ou du moings ce qui y estoit, avoit esté achevé
d'estre desmolli et ruiné par les deffendeurs depuis douze
ou quinze ans ou moindre temps, et en avoient esté les dé-
mollitions emportées, par les deffendeurs ou autres, pour
eux, en leurs maisons de Suresnes, et s'étoient emparés
depuis huict ou neuf ans de ladicte fontaine ;

Pour lesquelles causes, raisons et moyens et autres, plus à
plain contenues et déclarées au procès, concluoient lesdictes
demanderesses à ce que, par nostre sentence et jugement qui
interviendroit, il fust dit que ladicte source et amas d'eau
seroit déclairé leur apartenir, et à elles permis icelle eaue
faire aller et conduire en leur dicte Abbaye, et, pour cest
effect, restablir et remettre en bon estat les anciens regards
et canaux, lesquels anciennement avoient esté faicts et bastis
à cest usage, sans qu'à ce faire lesdictes demanderesses y
peussent estre troublées ni empeschées par les deffendeurs
ni autres personnes, lesquelz seroient condamnés à faire rom-
pre et démollir dans huictaine les canaux et conduits qu'ils
avoient faict faire et par le moyen desquels ilz divertissoient
l'eau de la source, appartenant aux dictes demanderesses et
leur en laisser le cours libre, pour en disposer comme de
chose à elles apartenant, le tout nonobstant chose dicte et
proposée au contraire pour les deffendeurs, dont ilz seroient
débouttez et condamnez aux despens de l'instance, telz que
de raison ;

Et que, de la part dudict sieur Aubéry, deffendeur, eust
esté dict, au contraire, que lui et ses autheurs auroient
joui, par temps immémorial, de certain héritage dans
lequel estoit une fontaine, appellée le Vaudor, scize entre

les villages de Sainct Cloud et Suresne, sans aucune con-
testation, empeschement, ny contredict de la part des
demanderesses, à leur veu et sceu et en leur présence,
outre laquelle possession, qui esceddoit la mémoire des
hommes, les autheurs dudit deffendeur avoient entre leurs
mains ung titre qui estoit un décret du fond des héritages, dans lesquelz ladicte source de fontaine estoit assise ;

Mais, comme les demanderesses avoient preveu que ledict
titre leur faisoit grand préjudice et qu'il estoit decisif,
elles auroient trouvé moyen d'estre en bonne intelligence
avec ladicte Le Feron, qui avoit ledict devis entre mains,
et comme les dictes demanderesses auroient veu que ledict
sieur Aubery avoit, avec beaucoup de despense, rendu
ladicte fontaine en sa perfection, tant de son bassin et siège
principal où estoit sa source, qu'en la conduicte par des
thuyaux de plomb, qu'en la construction des regardz, qu'aux
deux grands bassins qu'il avoit faict faire, l'ung dans sa
cour, l'autre dans son jardin de Suresnes, enrichis de plusieurs et diverses figures, elles auroient pris envy d'a-
voir ladicte fontaine, et, pour cest effect, mis en action
ledict Aubery par devant nous, et, pour fonder icelles, faict
bailler copie d'ung prétendu extrait de livre appelé *Martirologe de l'an mil cinq cens*, par lequel on disoit que, le quatriesme jour d'octobre, elles devraient dire quelque service
en l'église pour sire Pierre du Pont de l'Arche, qui donna
l'eau de leur fontaine ; or, le dict deffendeur soubstenoit
que, quand ledict prétendu titre eust esté en bonne forme,
il ne lui pouvoit faire préjudice, mais bien pouvoit-il faire
loy contre ceulx de l'abbaye, qui estoient tenus et obligez
d'y avoir esgard, mais non par ung lieu ; aussi, par icellui, il
n'estoit point faict mention de la fontaine de Vaudor, tellement que, sy elles avoient eu quelque fontaine en leur maison, ce n'estoit pas une conséquence que ce fust celle dont
estoit question ; tellement que, lesdictes demanderesses
n'ayans titre ni possession, elles n'auroient deub intenter
l'action et, quand bien mesme elles auroient eu quelque

droict en ladicte fontaine, que ledict sieur Aubery et ses autheurs l'avoient pu vallablement prescrire, puisqu'ils avoient ung decret en bonne forme, où les demanderesses ne s'étoient jamais opposées, et d'ailleurs une possession continuelle, au moyen de quoy il avoit pu acquérir prescription comme ung seigneur contre ung autre seigneur aussy, en matière de fiefz et de droicts seigneuriaux, justiffiant de sa bonne foy et de ses autheurs, fondez en bon titre et en ladicte possession immemoriale, laquelle servoit d'un second titre;

Partant, concluoit ledict Aubery, deffendeur, à ce que, pour les causes, raisons et moyens cy-dessus et autres plus a plain contenus et déclarés au procès, par nostre sentence et jugement qui interviendroit, les demanderesses fussent déclarées non recevables, ni bien fondées en leur demande, dont, partant, elles seroient déboutées et condamnées aux dépens;

Et que, de la part de la dicte du Carnoy, deffenderesse, eust esté dict qu'elle estoit en bonne possession entière de l'eau procedant de la source, que les demanderesses pretendoient leur appartenir; et en avoir joui ledict deffunt Albin du Carnoy, son père, publiquement, au veu et sceu d'icelles demanderesses et en leur présence, non seullement l'année précédente le trouble qu'elles lui avoient faict par leur exploict dudict jour vingtiesme mai mil six cens quinze, mais longtemps auparavant; c'estoit pourquoy il auroit pris leur demande pour trouble, formé complaincte et soubstenu debvoir estre maintenu en la possession et jouissance qu'il estoit auparavant ledit trouble, avec deffense auxdictes demanderesses de la plus troubler ni empescher à l'advenir, et, pour l'avoir faict, condamner en tous ses despens, dommages et intérests, à quoy ladicte du Carnoy eust conclud;

Et que, de la part de la demoiselle Le Feron, deffenderesse, eust aussy esté dict pour deffenses que lesdictes demanderesses devaient estre debouttées des fins et conclusions, par elles prises, d'aultant qu'elles n'avoient point satisfaict à l'ordonnance, qui voulloit que tout demandeur

justifiat et baillast communiquation du titre justificatif de sa
demande ;

Or, lesdictes demanderesses prétendoient et avoient mis
en faict qu'il y avoit près de quatre cens ans que fust
basti un regard, à l'endroict de certain amas de plusieurs
sources d'eau vive, qui leur furent données par un nommé
Pierre du Pont de l'Arche, ledict lieu sciz entre les bourgs
de Suresnes et Sainct Cloud, appellé le Vaudor, et toutes
fois elles n'avoient communiqué aucun titre de ceste pre-
tendue donation dudict Pierre du Pont de l'Arche, sinon
qu'elles avoient faict bailler coppie d'ung extraict d'ung
livre qu'elles appellent *Martirologe*, lequel ne contient
autre chose que les noms de ceulx pour lesquels elles
avoient à célébrer quelque service ; et, au vingt-cinquiesme
feuillet dudict livre, elles disoient qu'il se trouvoit escript
que, le quatriesme jour d'octobre, devaient estres dictes
vigilles et messe solennelles pour sire Pierre de l'Arche,
qui leur donna l'eau de leur fontaine, ce qui ne con-
venoit avec leur exploict de demande, par lequel elles
disoient que cestoit ung nommé Pierre de Pont, qui leur
avait donné ladict eau, et, au trente deuxiesme feuillet du
mesme livre, elles remarquoient que, le quatorziesme jour
de décembre par chacune année, estoit de bonne coustume
de chanter une messe de Sainct Nicaise et ses compagnons
glorieux martyrs, et qu'elle fust commencée et ordonnée
pour la source de leur fontaine, qui estoit du tout faillie ;
mais les demanderesses ne pouvoient tirer de là aucune
preuve, ni argument vallable, pour donner fondement à leurs
conclusions, car il ne s'agissait pas de dire qu'elles eussent
trouvé les remarques dans ung livre, qui n'estoit qu'une
escripture privée et de laquelle elles pouvoient disposer à leur
plaisir, mais puisque aussy estait qu'elles disoient, par leur
demande, que ledict Pierre de Pont leur avoit donné l'eau
du Vaudor, elles devaient faire apparoir et communiquer
ou quelque testament ou quelque contract de donation
faict par ledict Pierre du Pont de l'Arche, et toutesfois,

elles n'en avoient aucun remontré, le nom, que lesdictes
demanderesses remarquoient par ledict extrait, de sire
Pierre de l'Arche, estoit bien autre que celluy de leur demande et, partant, en devaient estre débouttées, suivant l'ordonnance ;

Et tant s'est fault que la dicte Le Feron, deffenderesse, peut convenir et advenir d'accord du faict articulé par
les demanderesses, au contraire, elle prenoit pour trouble leur
demande, articulloit possession contraire et soubstenait que,
de tout temps et ancienneté, elle et ses prédécesseurs avoient
esté et estoient seigneurs et propriétaires d'un demy arpent de
vigne, acquis a diverses fois, situé au terroir de Suresnes et
Sainct Cloud, au lieu dict le Vaudor, au milieu duquel demy
arpent de vigne, estoit une source d'eau vive, laquelle estoit
conduicte par canaux ou tuyaux jusques dans le jardin de la
maison, qui apartenoit à ladicte Le Feron, defenderesse ; d'où
s'ensuivoit que ladicte source luy appartenait, puisqu'elle
prenait son origine et estoit née dans ledict demy arpent
de vigne, lequel luy apartenoit en pleine propriété, et d'ailleurs, par la disposition expresse de la Coustume de Paris,
conforme à la disposition de droict, il estoit expressément
porté que quiconque avoit le sol, appellé « le stage du rez de
chaussée d'aucun héritage », il pouvoit avoir le dessus et le
dessoubs de son sol, tellement, qu'il estoit vray de dire que,
puisque aussy estoit que ledict demy arpent de vigne estoit
et appartenoit à ladicte demoiselle Le Feron, la source, qui
se trouvoit et estoit née dans le sol du dict demy arpent de
vigne, estoit de mesme condition que le sol mesme, et ne
pouvoit apartenir à autre qu'à ladicte deffenderesse, à qui
apartenoit ledict demy arpent ; adjoutant que, de tout temps
et anciennetté, elle estoit en possession, non seullement
du dict demy arpent, mais aussi de l'usage de ladicte source
et fontaine qui en provenoit ; partant, concluoit ladicte
damoiselle Le Feron, deffenderesse, à ce que, pour les causes
et raisons cy-dessus et autres amplement déduictes audict
procès, elle fust maintenue et gardée en la possession et

jouissance, tant dudict demy arpent de vigne, que de ladicte
source et fontaine et qu'elle devait estre envoyée absoulte
des fins et conclusions prises par lesdictes relligieuses
demanderesses, qu'elle prenoit pour trouble, et, pour raison
duquel, elle soubstenait que lesdictes relligieuses devaient
estre condamnées en tous les dépens, dommages et interets,

Sur quoy, ouyes par nous lesdictes parties sur leurs de-
mandes, deffenses et differends mentionnés au procès et en
l'appoinctement de la Cour de céans du seizieme jour de
juin mil six cens dix-sept, par lequel elles estoient appoin-
tées en droict à escripre par advertissement et produire
tout ce que bon leur sembleroit par devant nous dans huictaine, seroient leurs productions communiquées, pour contre
icellui bailler contredicts et salvations dans le temps de
l'ordonnance et à la huictaine ensuivant à ouyr droict et a
fin de dépens, dommages et intérets, suivant lequel appoinctement, lesdictes demanderesses, Aubéry et Le Feron eussent
mis et produict, par devant nous et nostre dicte Cour, leurs
lettres, titres et tout ce que bon leur auroict semblé et
quant a ladicte du Carnoy, elle n'y auroict avenue ni produict de sa part, dont elle y aurait esté forclose, et cependant fust le délai assigné aux dictes parties, pour ouyr droict
et deffinitifve, continué et entretenu jusques à hui;

Sçavoir faisons que :

Veu par nous ledict procès par enquestes, lettres, titres
et contredicts desdites Relligieuses, Aubéry et Le Feron, salvations desdicts deffendeurs, après que lesdictes demanderesses n'ont baillé salvations et que ladicte du Carnoy n'a
avenue et ne s'est produict et en a esté forcloze,

Veu aussy la figure accordée faicte entre lesdictes parties, suivant la sentence interlocutoire de ladicte Cour du
cinquiesme jour de février mil six cens dix-neuf, ensemble
certaine instance appoinctée en droict entre lesdictes parties
sur les debats de l'enterinement de certaines lettres royaux,
par lesdicts deffendeurs obtenues en chancellerie le vingt-
septiesme jour de janvier mil six cens vingt-quatre, laquelle

instance auroit, par appoinctement de ladicte Cour du dixiesme jour de febvrier au dict an mil six cens vingt-quatre, esté joincte audict procès, pour estre jugée ensemble ou séparement comme de raison, les lettres et les titres des dictes parties et tout ce qu'elles ont produict aux dites procès et incident ;

Veu aussy les deux requestes respectivement présentées à ladicte Cour par lesdictes parties, les deuxième et quatriesme décembre mil six cens vingt-quatre, les mémoriaux à ouyr droict, et tout veu et considéré ce qui faisoit advoir et considérer en ceste partie, nous, faisans droict sur le tout ;

Avons ordonné et ordonnons que lesdictes Relligieuses, Abbesse et Couvent pourront prendre au bassin de la source et fontaine du Vaudor ou bien au lieu où lesdicts Aubéry et consorts ont conduict et amassé les eaux de ladicte fontaine, pour le partage et distribution d'icelles entre eux, ung demy poulce ou le tiers des eaux de ladicte fontaine, à leur choix et option, pour leur usage seullement et à la charge de faire conduire ladicte quantité d'eau, qui sera ainsy par elles choisie, de l'ung des lieux cy-dessus déclarez, au cloistre et telz autres endroictz de ladicte Abbaye qu'ils trouveront estre utiles et nécessaires pour leur commodité, sans qu'icelles Relligieuses, Abbesse et Couvent soient tenues faire aucun remboursement auxdicts Aubéry et consorts des fraiz par eux faictz pour la prise de ladicte source, conduicte, et amas des dictes eaux, audit lieu où ilz les partagent, au cas qu'elles optent y prendre ladicte quantité d'eaux ; et, pour faciliter la conduite de ladicte part et portion d'eau à elles adjugée, que lesdicts Aubéry et consorts seront tenus souffrir les tranchées et appositions des auges de pierre et tuyaux à ce nécessaires dans les heritages qui se trouveront leur apartenir entre ladicte fontaine du Vaudor ou ledict lieu où ilz ont amassé lesdictes eaux et ladicte abbaye, sans pouvoir prétendre ou espérer aucun dedommagement ou recompense desdictes Relligieuses, Abbesse et Couvent, lesquelles ne pourront aussi divertir la-

dicte part et portion d'eau à elles adjugées, ny troubler lesdicts Aubery et consorts, en la possession de laquelle ilz sont
de toute ladicte eau, sinon que lorsqu'elles prendront la
dicte part et portion, en l'ung desdicts lieux, pour la conduire par effect en leur dicte abbaye ;

Et sy avons condamné et condamnons lesdicts Aubéry
et consorts en ung tiers des despens, tant dudict procès que
de ceux reservez par les arrests du quinze avril mil six cens
dix-sept et premier avril mil six cens vingt-trois, telz que de
raison, les taxe et taux par et à nous réservés, les deux
autres tiers compensés par nostre sentence jugement et à
droict.

Prononcé en la Première Chambre, en la présence de
maistre Mauguelas, Procureur desdictes Relligieuses de
Longchamp, demanderesses, qui a protesté d'appeller et en
l'absence des autres Procureurs, suffisamment attendus et
appellés en la manière accoutumée.

Sy donnons en mandement et commettons par ces présentes au premier des huissiers du Parlement des dictes
Requestes ou autre huissier ou sergent royal, sur ce requis,
que, à la requeste dudict Aubéry, ces dictes présentes il
mette a deue et entiere execution, de point en point, selon
leur forme et teneur, contraignant tous ceulx qu'il apar-
tiendra ; de ce faire luy donnons pouvoir.

Donné à Paris, soubs le scel de la Cour des dictes Requestes, le vingt-troisiesme jour de décembre mil six cens
vingt-quatre.

Espèces : cent écus,

DUPUY

Scellé le XVe janvier mil six cens vingt-cinq.

Pour la commodité du lecteur qui n'aura pas osé
s'aventurer dans le dédale de cette procédure, nous

résumerons ainsi qu'il suit ce monument de la jurisprudence du xvii° siècle.

Les Religieuses pourront prendre, au bassin de la
Fontaine des Vaux d'Or ou au lieu où Aubéry et
consorts ont conduit et amassé les eaux de la Fontaine pour le partage et la distribution entre eux, un
demi-pouce ou le tiers des eaux, à la charge de faire
conduire ladite quantité d'eau de l'un des lieux ci-
dessus déclarés en leur abbaye, sans qu'elles soient
tenues de faire aucun remboursement à Aubéry et
consorts, des frais faits pour la prise de ladite source.

Afin de faciliter aux Religieuses la conduite de ces
eaux, Aubéry et consorts seront tenus de souffrir les
tranchées et les appositions des auges de pierre et
des tuyaux, dans les héritages qui se trouveront
leur appartenir, sans prétendre aucun dédomma-
gement.

Les Religieuses ne pourront divertir leur part et
portion d'eau, ni troubler Aubéry et consorts, qui sont
maintenus en possession de toute l'eau de la Fontaine,
sinon lorsqu'elles prendront leur part et portion pour
les conduire en leur abbaye.

En réalité, sauf la part attribuée aux Dames de
Longchamp, Aubéry, sieur et dame de Baignaux,
représentant Du Carnoy et demoiselle Esther Le Feron,
veuve Gobelin, conservent la propriété et la jouissance
de la Fontaine des Vaux d'Or.

Que devient la Fontaine depuis cette époque ? Que
devient surtout l'eau qu'elle fournit ?

C'est ce que va nous apprendre un très intéressant
rapport, dressé par M. Douchain, inspecteur du service
des eaux de Saint-Cloud, le 27 octobre 1873.

Un acte du 15 juin 1637 (Extrait des titres J.-B. Baillière) indique qu'un demi-pouce ou le tiers des eaux de la dite Fontaine a été réservé par sentence du 23 décembre 1624 aux Dames religieuses de Longchamp pour leur usage seulement, et que le reste des Eaux est distribué entre M. Aubéry, la demoiselle Esther Le Féron, veuve Jacques Gobelin et le sieur et dame de Baignaux (la dame de Baignaux s'appelait Jacqueline Du Carnoy).

Depuis cette époque, on ne trouve plus aucune trace de la possession des Dames de Longchamp relativement à une partie quelconque de la Source (1).

Au contraire, les extraits de divers actes indiquent constamment un partage en trois parties conformément aux désignations suivantes :

15 juillet 1637.	Jeanne de Santeny D° de Meaux.	Aubéry.	D^lle Esther Le Féron.
2 juin 1706..	Charles Hurton et Gilles de Ganeau.	De Gaimont.	Présidente de Hacquemard d'Osembrai.
24 sept. 1721.	Charles de Skelton.	Berthelot de Saint-Laurent.	De la Porte.
12 août 1743..	Étienne Huart.	Legendre.	De St-Valery.

Cette troisième prise d'eau (Esther Le Féron) était probablement celle dont les anciennes traces ont été retrouvées sur le parcours de la conduite, au pan coupé du chemin conduisant à Saint-Cloud et qui consistait en un tuyau, placé dans un regard non apparent et branché sur la conduite de la source. Indépendante en principe de la prise des Dames religieuses de Longchamp (Arrêt du 23 décembre 1624), qui n'a plus aujourd'hui qu'un intérêt historique, l'emplacement de cette troisième prise d'eau (Esther Le Féron) se trouve actuellement constaté dans la cuvette de partage de la Tourelle, où son existence y est déjà reconnue dans le titre

(1) Il est probable qu'elles ont renoncé au bénéfice de l'arrêt en raison des frais que l'exécution des travaux à faire aurait entraînés et de leur disproportion avec les avantages qu'elles devaient en retirer. (H. B.)

d'adjudication du 12 août 1743, d'où il est transcrit ce qui suit :

« Dans la tour joignant la porte de Saint-Cloud, est renfermée la cuve ou réservoir des eaux d'une source venant de la montagne de Saint-Cloud, *un tiers* desquelles eaux appartient à la maison vendue et les *deux tiers* appartiennent à M. de Saint-Valery et à M. Legendre. »

Le 26 juillet 1784, Mme la marquise de Grave vend à M. le comte de Thelis une maison, avec tour couverte d'ardoises, renfermant le réservoir des eaux, *un tiers* desquelles eaux appartenant à la maison présentement vendue, sans que la propriété des autres tiers soit indiquée.

Le 6 décembre 1785, M. le comte de Thelis vend à M. Michel la même propriété, ne parlant toujours que du tiers des eaux, sans s'occuper des autres tiers.

Enfin, le 14 novembre 1806, M. Michel vend à Mme de Vaudemont, sa voisine, « neuf millimètres de diamètre » d'eau à prendre à la cuvette de jauge des vendeurs, étant dans la Tourelle de leur jardin.

La quantité d'eau restant à la propriété Michel, qui était anciennement d'un tiers, se trouve donc ainsi diminuée d'une quantité de 9 millimètres.

Dans ce même acte, se trouvent inscrites des *charges particulières aux neuf millimètres d'eau*; comme elles peuvent servir de base pour le règlement des dépenses, nous les transcrirons ici littéralement (Acte devant Me Dunays, notaire à Paris, titres J.-B. Baillière).

« Mme de Vaudemont fera à ses frais les dépenses nécessaires pour prendre à la Tourelle ces 9 millimètres d'eau et les conduire où elle jugera à propos par la rue.

« Elle contribuera par moitié avec les vendeurs dans les dépenses dont ils sont et seront tenus pour l'entretien desdites eaux, leur conduite et la Tourelle qui les reçoit.

« Dans le cas où la source diminuerait, Mme de Vaudemont et ses représentants ne pourront exiger plus de moitié des eaux appartenant au sieur et dame Michel. »

Le 8 novembre 1821, Mme de Vaudemont, s'étant rendue adjudicataire de la propriété Michel (2e lot), est devenue propriétaire d' « un petit bâtiment circulaire renfermant un réservoir qui donne des eaux à la propriété vendue » ; par conséquent, si elle était propriétaire des deux autres tiers, toutes les conditions stipulées précédemment se sont naturellement annulées.

Cependant, le 21 mai 1822, Mme de Vaudemont revend cette propriété et sans qu'il soit nullement question des eaux en particulier, le procès-verbal d'enchères indique que, pour les servitudes, on devra se conformer aux dispositions d'un acte passé devant Me Dunays, notaire à Paris, le 14 novembre 1806 : nous nous retrouvons donc dans la même situation qu'avant l'époque du 8 novembre 1821.

Ces dispositions sont d'ailleurs confirmées dans l'acte de vente des 21 et 31 décembre 1825 par M. Labalte à la maison Roehn et Cie : « Une tourelle renfermant un réservoir qui donne des eaux vives à la propriété », tel est littéralement ce qui est indiqué dans la désignation de la propriété ; il est également question des 9 millimètres à prendre dans la cuvette de jauge de la propriété vendue, enfin il est parlé également de la moitié de la dépense, conformément à l'acte du 14 novembre 1806.

Les autres titres, jusqu'à l'acquisition de M. J.-B. Baillière, sont identiques, de sorte qu'en résumé on peut déclarer ici que la quantité d'eau appartenant à la propriété J.-B. Baillière est donc égale au tiers de la source, sur lequel il faudra prendre 9 millimètres d'eau acquis en 1806 par les auteurs de Mme veuve Chabrier.

Quant à la question de l'autre partie des eaux de la source, les recherches faites sur les titres fournis par Mme veuve Chabrier n'ont pu faire retrouver que les 9 millimètres d'eau acquis en 1806 par Mme de Vaudemont et le tiers du produit de la source provenant de la part du sieur Aubéry. De l'autre tiers, dont il est parlé au 15 juillet 1637 comme appartenant à demoiselle Esther Le Féron jusqu'au

12 août 1742, époque où M. de Saint-Valery en est propriétaire, il n'a été rien trouvé indiquant comment cette quantité est actuellement déversée dans la cuvette de jauge de
Mme veuve Chabrier.

Cherchons maintenant dans quelles proportions les travaux
qui intéressent la source doivent être payés.

Ainsi que nous l'avons signalé dans le cours de nos
recherches, l'acte du 14 novembre 1806 est très explicite
à cet égard ; il indique que Mme de Vaudemont (aujourd'hui
Mme veuve Chabrier) doit contribuer par moitié avec les vendeurs M. et Mme Michel (aujourd'hui M. J.-B. Baillière),
dans les dépenses dont ils sont et seront tenus pour l'entretien desdites eaux, leur conduite et la Tourelle qui les reçoit.

Quelles sont donc les dépenses auxquelles M. et Mme Michel étaient tenus ?...

M. Douchain pense que ces dépenses devaient être en
principe (à moins de titres contraires) le tiers de la dépense
totale. Par conséquent, Mme de Vaudemont, en contribuant
pour la moitié de ce tiers, n'a donc plus laissé à la charge de
M. Michel que le sixième de la dépense totale.

Reste à fixer ce que l'on a voulu entendre par 9 millimètres de diamètre d'eau. Comme mesure hydraulique, cette
quantité se rapporte aux quatre lignes de l'ancienne mesure
des fontainiers, lesquelles représentaient 16 lignes d'eau. La
conversion en litres donnant pour une ligne d'eau 133 litres 3,
les 16 lignes d'eau ou 9 millimètres représentent donc
2 132 litres 8 décilitres par vingt-quatre heures, à prendre
sur la cuvette de M. J.-B. Baillière, avec réserve toutefois
que, si la source venait à diminuer, Mme veuve Chabrier ne
pourrait exiger plus de la moitié des eaux revenant à M. J.-B.
Baillière.

La cuvette en plomb établie dans la Tourelle ne donnant
plus ce résultat par suite des déformations et accidents qui
lui sont survenus, il sera nécessaire de la rétablir dans les
conditions mêmes du contrat de 1806. Le rétablissement
serait indiqué par une convention signée des deux parties et

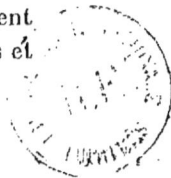

indiquant préalablement ce qu'il faudrait faire pour assurer la bonne distribution des eaux.

Cette convention réglerait ensuite la proportion définitive des dépenses et chargerait M. Douchain de faire exécuter la nouvelle cuvette suivant les dispositions reconnues nécessaires pour un partage régulier.

L'avis donné par M. Douchain fut suivi, et les travaux de réfection de la cuvette, autrefois en plomb, aujourd'hui en tôle galvanisée, furent exécutés : une convention fut signée entre les parties, à la date du 16 novembre 1877, pour fixer les droits des deux propriétaires de la Fontaine et des eaux.

Le droit à la canalisation sortait victorieux de toutes les difficultés : ni les changements apportés à l'assiette des chemins (1), ni les procès engagés contre les propriétaires ne touchaient à la servitude d'aqueduc, qui reposait dans le sous-sol des sentiers.

Les bouleversements administratifs et politiques qui ont rempli notre histoire, de 1607 jusqu'à nos jours, ont laissé intacts les droits acquis : la France, qui venait de voir les Bourbons succéder aux Valois, a vu la Branche cadette succéder à la Branche aînée ; elle a vu la Révolution, le Directoire, le Consulat et l'Empire ; elle a vu la Restauration, la Monarchie de Juillet, la République, de nouveau l'Empire et de nouveau la République ; des trônes ont été renversés ; mais les canaux de la Fontaine des Vaux d'Or sont toujours demeurés à leur place et l'eau de la Source a continué de couler, sans interruption, depuis les coteaux où elle prend naissance jusqu'à la Tourelle de la Porte de Saint-Cloud, à Suresnes.

(1) Voy. p. 19.

VI. — LES RELIGIEUX
DE SAINT-GERMAIN-DES-PRÉS

A côté de ces premières prétentions dont il a été fait bonne justice, MM. Du Carnoy et Aubéry auraient pu craindre d'autres réclamations, qui n'auraient pas manqué de se produire, si elles avaient pu s'appuyer sur l'apparence même d'un droit.

MM. les Religieux de Saint-Germain-des-Prés étaient installés à Suresnes, depuis 918 ; ils y étaient devenus seigneurs, et puissants seigneurs, ayant eux aussi, comme M. le Cardinal de Gondi, à Saint-Cloud, droit de haute, moyenne et basse justice.

S'ils en avaient eu la possibilité, ils auraient fait valoir leurs droits sur la propriété des eaux, sur la propriété des chemins suivis par la canalisation ; ils auraient empêché l'exécution des travaux ; ils auraient au moins protesté.

Ils n'ont rien fait : il faut croire qu'ils n'avaient aucune raison, ni bonne, ni mauvaise, à faire valoir.

Ici nous devons ouvrir une parenthèse et dire comment MM. de Saint-Germain-des-Prés entendaient la défense de leurs droits.

Nous laisserons Dom Bouillart (1) disserter sur la charte promulguée en 558 par le Roi Childebert I, et sur les chartes successives qu'ils se firent octroyer par les rois de France.

(1) Dom Bouillart, *Histoire de l'Abbaye royale de Saint-Germain-des-Prés*, Paris, 1724.

Nous nous contenterons de l'exposé suivant, que nous trouvons dans un cartulaire rédigé au commencement du xvi° siècle.

Et est à noter que, es dictz lieux de Paris, Saint-Germain et la rivière de Seine, les dictz Religieux, abbé et convent ont toute justice, haulte, moyenne et basse ; et pour l'exercice d'icelle, droit de commettre bailly, prévost, greffier, sergent, doien, geollier, garde de prison, et autres sergens et officiers, pour garder leur dicte justice et autres droits seigneuriaux ; et leur faire porter verges, masses, et armes nécessaires, pour défendre leur corps, leur dicte justice et autres droicts, comme font ceulx du Chatelet de Paris ; et aussi droict de faire tenir assises, cognoistre de cause d'appel, etc.

Les dicts seigneurs ont tout droict de voirie, tant dedans la Ville de Paris, faubourg Saint-Germain, que ailleurs es lieux, fins, et limites de leur dicte justice et seigneurie.

Il n'est loisible à aucun ou aucuns de ériger enseignes, auvents, sièges sur rue, barres devant leur porte, planter pieux dans la rivière de Seine, appartenante aux dictz Religieux, sans leur congé et mandement espécial, sur peine de confiscation et amende arbitraire (1).

D'autre part, M. Tanon (2) raconte que « l'Abbaye avait dans sa terre la voirie, *viaria* et *justitia viariæ*. Son voyer délivrait aux particuliers, à prix d'argent, les autorisations pour placer des bornes devant les maisons, dresser des auvents ou des étaux et généralement faire sur la voie publique toutes sortes d'ouvrages. La voirie était habituellement

(1) Alfred Franklin, *in* Hoffbauer, *Paris à travers les âges*, 5° livraison, p. 9.

(2) Tanon, *Histoire des justices des anciennes églises et communautés monastiques de Paris*, Paris, 1883, p. 227.

donnée à ferme. Ses produits s'étaient considérablement accrus dans les derniers temps. Aussi le Grand Voyer du Roi avait-il tenté de s'en emparer ; ses commis inquiétaient les vassaux des Religieux qui demandèrent à ceux-ci de les défendre, afin de n'avoir pas à payer deux fois les mêmes droits. Le Parlement donna gain de cause à l'Abbaye, par son arrêt du 24 mars 1611, et la maintint dans ses droits de voirie dans toute l'étendue de sa haute justice. »

MM. de Saint-Germain-des-Prés avaient même un pilori, installé, à Paris, au milieu d'un petit carrefour que représente aujourd'hui la rue Gozlin ; des fourches patibulaires à trois piliers, qui se dressaient dans la rue de Grenelle ; une geôle, située rue Sainte-Marguerite, qui devint, en 1789, la Prison de l'Abbaye, et qui fut démolie, en 1854.

Aussi puissamment armés, MM. de Saint-Germain-des-Prés surveillaient et défendaient avec opiniâtreté leurs intérêts.

Comme preuve de l'esprit qui les animait, nous pouvons citer les faits suivants.

En 1163, le 21 avril, lors de la dédicace et de la consécration de la nouvelle église de Saint-Germain-des-Prés, après l'incendie de l'Abbaye par les Normands, le Pape Alexandre III se transporta pour la cérémonie, assisté de douze Cardinaux et de plusieurs prélats, parmi lesquels était Jean, Archevêque de Tolède.

Les Religieux aperçurent dans le cortège Maurice de Sulli, Évêque de Paris, en habits épiscopaux ; ils en portèrent plainte au Pape comme d'une entreprise sur leurs privilèges, avec protestation qu'ils ne souffriraient jamais qu'on procédât à la cérémonie en présence de l'Évêque de Paris, qui n'avait aucune juridiction sur leur église. Le

Pape, pour ne pas troubler la fête, fit dire par trois de ses Cardinaux à l'Évêque de se retirer. Maurice obéit sur-le-champ et la cérémonie commença aussitôt (1).

Mais l'Évêque Maurice de Sully ne se tint pas pour battu; pour se venger de l'affront, il dit au Concile, célébré quelque temps après à Tours, qu'il avait certaine juridiction sur l'Abbaye de Saint-Germain-des-Prés; l'abbé Hugues III, qui était présent, nia le fait et obtint une bulle, qui est un arrêt solide et perpétuel contre ledit Maurice et tous autres ses successeurs (2).

En 1177, Guy de Noyers, Archevêque de Sens (3), faisant sa visite dans les églises de son diocèse dépendantes de l'Abbaye, était toujours accompagné d'un si grand nombre de personnes et d'un si grand train que, pour le défrayer, il fallait dépenser de grosses sommes, qui diminuaient considérablement le revenu des bénéfices. Les Religieux furent obligés de s'en plaindre au Pape et celui-ci leur fit réponse que, si l'Archevêque de Sens menait avec lui plus de 44 personnes et plus de 40 chevaux, ils pouvaient ne point le recevoir (4).

En 1246, le Roi Saint Louis, passant par Villeneuve-Saint-Georges, s'arrêta pour dîner dans une prévosté de l'Abbaye de Saint-Germain-des-Prés et invita Gautier Cornu, Archevêque de Sens, à manger avec lui. Sitôt que le Prévôt le sut, il alla trouver le Roi et le supplia très humblement de ne pas permettre au prélat d'entrer dans la prévosté, ni d'y prendre son repas, de crainte de donner atteinte aux privilèges de Saint-Germain-des-Prés. Quelque chose que le Roi

(1) Dom Félibien, 1725, t. I, p. 181.
(2) Bonfons, *Les Antiquités et choses plus remarquables de Paris*, augmentées par frère Jacques Du Breul. Paris, Nicolas Bonfons, 1608, p. 47, verso (Bibl. nat., LK⁷, 5988).
(3) L'Archevêque de Sens était le métropolitain des Évêques de Paris et c'est à ce titre qu'il était aussi redouté de MM. de Saint-Germain-des-Prés que ses suffragants. (H. B.)
(4) Dom Bouillart, p. 97.

pût dire ou penser d'une telle prétention, le prévôt ne se contenta pas que l'Archevêque protestât qu'il ne prétendait acquérir aucun droit sur l'Abbaye, ni sur la prévosté, par le dîner qu'il allait prendre avec le Roi ; il exigea de plus que le Roi lui-même en fît expédier des lettres, qui contiennent le fait que l'on vient de rapporter et la promesse de l'Archevêque de Sens (1).

En 1278, les Religieux de Saint-Germain-des-Prés menèrent une vigoureuse campagne contre les écoliers de l'Université qui allaient se promener au Pré-aux-Clercs. Il s'ensuivit des batailles, qui se terminèrent souvent par la prison ou même par des blessures mortelles.

En 1359, Jean de Meulent, Évêque de Paris, ayant demandé aux Religieux la permission de coucher une nuit dans leur monastère, fut obligé de déclarer, dans une lettre que nous a conservée Dom Bouillart (2), que cette permission lui a été accordée gracieusement et qu'elle ne pourra préjudicier à leurs droits, ni pour lui, ni pour ses successeurs.

En 1378, Charles V voulut faire reconstruire le pont (appelé à cette époque *le Pont-Neuf*, et connu aujourd'hui sous le nom de *Pont Saint-Michel*); les moines de Saint-Germain-des-Prés s'opposèrent à la continuation des travaux, en déclarant que le pont, les maisons bâties sur le pont, la rivière, son fond, ses rives, ainsi que leurs revenus, leur appartenaient, en vertu de la donation que leur avait faite le Roi Childebert. Le pont fut achevé en 1387, mais le procès intenté par MM. de Saint-Germain-des-Prés n'était pas encore terminé en 1393, dit Dulaure (3).

En 1499, après la chute du Pont Notre-Dame, et en attendant la reconstruction, il fut résolu que, provisoirement, on établirait un bac sur la Seine. Les abbés de Saint-Germain-

(1) Dom Félibien, t. I, p. 189.
(2) Dom Bouillart, p. 79.
(3) Dulaure, t. III, p. 394.

des-Prés s'y opposèrent, toujours en vertu de la charte de
Childebert, et il fallut un arrêt du Parlement, pour vaincre
leur résistance (1).

En 1667, M. Hardouin de Péréfixe, Archevêque de Paris,
publia le jubilé universel accordé par le Pape Clément IX
à tous les fidèles, et envoya ses mandements dans les églises
du faubourg Saint-Germain ; ce qui obligea le prieur, grand
vicaire de l'Abbaye, de faire défense d'y avoir égard, attendu
que bientôt il ferait publier lui-même le même jubilé dans
tout le faubourg (2).

En février 1674, Louis XIV supprima par un édit toutes
les justices particulières, pour les réunir au Châtelet de
Paris. Par ce fait, la Justice de l'Abbaye de Saint-Germain-
des-Prés fut supprimée, bien qu'elle fût la plus ancienne.

Cette décision portant de graves préjudices à l'Abbaye,
Pélisson, nommé par Sa Majesté à l'économat de l'Abbaye,
présenta un mémoire au Roi, pour remontrer très humblement que le titre de haute justice était le plus beau, le plus
utile et le plus essentiel de tous ceux qui ont été concédés,
d'autant que, outre l'honneur qu'il emporte avec soi, il
conserve uniquement tout le bien et le revenu temporel de
l'Abbaye, qui est le plus considérable de tous les bénéfices du
royaume.

Le Roi (21 janvier 1675) apporta quelques adoucisse-
ments à son édit; il maintint et garda l'Abbaye de Saint-
Germain-des-Prés en possession et jouissance de la haute
justice, mais dans l'enclos de l'Abbaye seulement, pour être
exercée par un bailli, un procureur fiscal, etc. (3).

Revenons à Suresnes, dont les intérêts locaux
n'importaient pas moins aux Religieux de Saint-

(1) Dulaure, t. III, p. 484.
(2) Dom Bouillart, p. 262.
(3) Dom Bouillart, p. 102.

Germain - des - Prés que les intérêts généraux de l'Abbaye.

M. Edgard Fournier a raconté les vicissitudes d'un procès qui dura 114 ans ; il avait commencé le 12 février 1646, il finit le 22 mars 1760. La difficulté roulait sur le respect dû aux droits honorifiques des Religieux de Saint-Germain-des-Prés et en particulier sur la place que le Curé de Suresnes doit occuper dans son église (1).

MM. de Saint-Germain-des-Prés allèrent même jusqu'à l'excommunication contre les habitants de Puteaux, qui avaient cessé de payer la redevance annuelle d'un pain et d'une chandelle (2).

Le 7 septembre 1656, ils obtinrent un arrêt contradictoire, rendu en la Grand'Chambre du Parlement de Paris, par lequel ils furent maintenus dans la qualité de fondateurs, patrons et curés primitifs de Suresnes, avec pouvoir de jouir de tous les droits honorifiques, d'y officier les quatre fêtes solennelles de l'année et le jour de Saint-Leufroy, etc. (3).

Mais, à Suresnes même, s'ils se sont montrés jaloux de la conservation de leurs droits spirituels, les Religieux de Saint-Germain-des-Prés n'étaient pas moins préoccupés de la défense de leurs biens temporels.

En 1521, d'après le dénombrement des droits de l'Abbaye, à Suresnes, ils avaient le droit de lods et ventes, saisines, amendes, confiscations, amendes arbitraires, voirie, forge, courtage, banvin, courtage des vins, fouage ou forage, etc.

---

(1) Edgard Fournier, *Suresnes*, 1890, p. 255.
(2) Archives nationales, S, 2913.
(3) Dom Bouillart, p. 254.

En 1676, ils firent dresser « des plans des terres et
seigneuries dépendant des vénérables Religieux·de
l'Abbaye de Saint-Germain-des-Prés à Paris, ou leur
appartenant ». Ces plans, dont nous avons déjà parlé
et dont nous avons reproduit un fragment (1), ont
été faits, levés et dressés par frère Hilarion Chalant,
religieux convers de ladite Abbaye, et nous n'y revenons que pour publier l'intéressant exposé des motifs
qui les précède (2).

La révolution des temps a porté tant de changements aux
choses temporelles, qui ne subsistent dans un même état
qu'à mesure que l'on prend soin de les y conserver ; ce sont
ces motifs qui ont donné sujet à cette Communauté de
Saint-Germain-des-Prez de faire lever et dresser les plans
des terres et seigneuries dépendantes de la mense conventuelle, pour réparer et recouvrer, en plusieurs lieux et endroits d'icelles seigneuries, tous les héritages dépendants
du domaine, pris et usurpés par divers particuliers en divers temps, soit à cause des guerres civiles, soit par la négli-
gence de ceux qui ont administré le temporel, des fermiers
qui ont laissé faire plusieurs usurpations, ou qu'ils ont faits
eux-mêmes , mais particulièrement des droits seigneuriaux de censives, dîmes, justices, fiefs, arrière-fiefs, dont
les seigneurs voisins se sont emparés et faits reconnaître en
plusieurs endroits et prétendus être maintenus par la prescription par eux alléguée, et ainsi les anciens titres, baux et
cens terriers, adveux et dénombrements demeurent inutiles
soit par la coutume, soit par la puissance des seigneurs.
voisins.

Pour éviter les procès et les grands frais qu'il faudrait
soutenir pour plaider contre des puissances comme celles

(1) Voy. page 14.
(2) Archives nationales, N. 4, n° 29.

avec lesquelles on aurait affaire, l'on a plutôt choisi de se contenter de la jouissance et paisible possession des dites seigneuries et dépendances, ainsi qu'elles sont cy-après désignées par les plans et cartes de chacune d'icelles.

Nous trouvons encore la preuve de cette sollicitude de MM. de Saint-Germain-des-Prés pour la défense de leurs biens, dans un volumineux dossier que nous avons déjà cité (1) et dans d'autres dossiers qui contiennent de nombreux actes; ils constatent les autorisations de voirie, données ou plutôt vendues par eux pour changer un sentier, relever un mur, enclore une propriété, ou relatent les procès faits pour infractions à leurs droits et privilèges.

Le 13 décembre 1612, consentement au sieur Marie, pour qu'il lui soit permis de changer un petit sentier étant dans une de ses pièces de terre (2).

Le 30 janvier 1618, Robert Martin, propriétaire d'un hôtel mitoyen avec le four banal, venant de faire reconstruire un mur (mitoyen), les Religieux se plaignent d'incommodités et imposent des conditions à Robert Martin (3).

En 1640, François Pocquet, Procureur au Châtelet de Paris, avait acheté, pour 200 livres, la permission d'abattre une partie du mur de clôture de Suresnes, à l'endroit de la cour de sa maison, pour avoir une entrée dans sa vigne; en même temps, il avait fait murer, du côté de la grande rue qui va à Saint-Cloud, une porte qui avait servi de tout temps pour aller au pourtour et le long de la clôture de Suresnes.
Le Prévôt de Suresnes ne voulut pas laisser ainsi empiéter sur les droits de l'Abbaye.

(1) Archives nationales, S, 2913.
(2) Archives nationales, S, 2913.
(3) Archives nationales, LL, 1042, fol. 111.

Le 9 août 1646, une sentence du Prévôt oblige François
Pocquet à faire boucher sous trois jours la porte qu'il a fait
mettre et à faire abattre le mur étant au-devant de la porte
qui conduit de la grande rue le long et au pourtour de Suresnes, et lui défend d'avoir la clef, laquelle sera remise
au greffe de la prévôté, pour servir à l'usage de la communauté dudit lieu (1).

Le 20 juin 1648, sentence du chapitre de Saint-Germain-
des-Prés contre François Pocquet (2).

Le 14 juillet 1648, François Pocquet, qui avait eu le tort
d'agir sans le consentement des Religieux de Saint-Germain-
des-Prés, leur demande à abattre le mur de la ville et à le
transporter au delà de la vigne qu'il a nouvellement acquise
de M. Aubéry, Conseiller d'État, contenant un demi-arpent,
joignant sa maison et jardin, sis proche la Porte de Saint-
Cloud, tenant au mur de la ville, à la charge de laisser autant de terre pour faire un fossé, attenant au mur et qui
sera fait semblable à celui qui est de présent. L'ancien mur
sera rebâti à neuf (3).

Le 19 mars 1653, une sentence du Châtelet met les frais
du procès à la charge des habitants de Suresnes, parce que,
sans le consentement des Religieux de Saint-Germain-des-
Prés, seigneurs dudit lieu, ils ont autorisé les changements
de portes et de murs faits par François Pocquet (4).

Le 2 mai 1653, M. Toussaint Rose ayant acquis de Dame
Jehanne de Santeny, veuve de feu Me Louis de Meaux, une
maison sise rue et proche la porte qui conduit de Suresnes
à Saint-Cloud, demande à reculer le mur de clôture qui partage ses terres.

Le 4 juin 1653, procès-verbal de visite des lieux.

(1) Archives nationales, LL, 1041, fol. 179.
(2) Archives nationales, LL, 1041, fol. 192.
(3) Archives nationales, LL, 1041, fol. 162.
(4) Archives nationales, LL, 1041, fol. 192.

(*En note*) la concession faite au sieur Rose est rapportée au registre des actes capitulaires (1).

Le 8 août 1654, sentence des Requêtes, qui fixe la largeur du chemin qui doit exister entre le pré de M. Gobelin et celui de l'Abbaye (2).

Le 27 septembre 1659, permission, donnée au sieur Prout, de faire une porte au mur de clôture, à un bout de ruelle entre les murs du bourg de Suresnes et sa maison (3).

En 1669, Pierre Aufrié, avec l'appui du monastère de l'Abbaye de Saint-Germain-des-Prés, commence un procès contre Nicolas Leprêtre, Président à la Cour des Aides, et Étienne Pavillon, Secrétaire du Roi, qui avaient changé la nature du territoire de la Celle Saint-Cloud, en y plantant des bois taillis, des châtaigniers et des osiers (4).

Le 2 avril 1670, procès-verbal de visite, en faveur du sieur Étienne Le Camus, pour obtenir permission d'enclore de murs son héritage, à Suresnes (5).

Le 30 novembre 1685, consentement au sieur Lubert, pour enclore une ruelle dans son terrain (6).

Le 10 février 1686, autorisation donnée à veuve Étienne, pour réunir et enclore un petit chemin à une pièce de vigne jointe à sa maison de Suresnes (7).

Le 20 janvier 1687, ordonnance du baillage de Suresnes : le sentier de Veaudouré (*sic*), qui conduit aux Nouvelles, sera rétabli par les habitants dudit lieu, à peine de 10 livres d'amende contre chacun des contrevenants (8).

(1) Archives nationales, LL, 1041, fol. 192.
(2) Archives nationales, S, 2913.
(3) Archives nationales, S, 2913.
(4) *Code des curés*, t. 1, p. 160.
(5) Archives nationales, S, 2913.
(6) Archives nationales, S, 2913.
(7) Archives nationales, S, 2913.
(8) Archives nationales, LL, 1041, fol. 224, et S, 2913.

Le 7 juillet 1699, alignement donné à Dupille, pour agrandir sa cour (1).

Le 25 juin 1701, alignement donné par J. Fr. Prieur, Prévost Juge de la Prevosté et Chastellenie de Suresnes, à M. Portail, de la porte de Saint-Cloud au Chemin Neuf (2).

Mais arrêtons-nous dans cette énumération, qu'il nous serait facile de prolonger indéfiniment.

Voici qui est plus caractéristique encore et qui se rattache directement à notre sujet; il s'agit d'une source, située près de la Fontaine des Vaux d'Or.

MM. les Religieux de Saint-Germain-des-Prés n'ont garde d'oublier d'en tirer tout le profit qu'ils en peuvent obtenir; ils vendent les eaux et s'en réservent une partie; ils font conduire ces eaux dans leur maison seigneuriale, aux frais de leurs acheteurs; ils font même payer à leurs acheteurs des dommages-intérêts pour les malfaçons du fontainier.

Ce sont cinq actes concernant la conduite des eaux, découvertes et à découvrir dans l'étendue de dix arpens de terre plantés en osiers, au terroir dudit Suresnes, lieu dit la Montagne ou Fontaine du Tertre, tenant d'un côté au grand chemin qui conduit de Suresnes au mont Valérien, d'autre côté aux vignes du sieur Mazot et aux prêtres du Tertre, par le bas au sieur Louvet, et par haut, aux prêtres du Tertre, faisant séparation du terroir de Suresnes, de Nanterre et de Rueil.

1° Le 10 mai 1660, Vente des Eaux de Suresnes, par les Religieux de Saint-Germain-des-Prez, aux sieurs Martin, Delaporte et Louvet, à la condition d'une certaine quantité que les sieurs Martin, Delaporte et Louvet seront tenus de faire conduire dans la maison seigneuriale de Suresnes.

2° Le 5 octobre 1660, Marché fait par les Religieux et

(1) Archives nationales, S, 2913.
(2) Archives nationales, S, 2913.

Louis Testard et Élie Gérard, fonteniers, pour l'entretien des tuyaux et fontaines, dans le jardin seigneurial de Suresnes.

3° Le 6 octobre 1665, Procès-verbal de la conduite d'eaux, à laquelle les sieurs Delaporte, Martin et Louvet étaient engagés.

4° Accord, moyennant 180 livres, pour dédommager les Religieux du mauvais ouvrage ; ces 180 livres payées par Delaporte, Martin et Louvet.

5° En 1670, Devis de travail à faire aux eaux dans la maison seigneuriale (1).

Voilà donc les puissants et difficiles seigneurs qu'étaient MM. de Saint-Germain-des-Prés ; ils ne laissaient pas bâtir un mur, enclore un héritage, changer la nature du territoire, supprimer un chemin, capter une source, etc., sans leur permission, qui se traduisait sous forme de belles espèces sonnantes.

Et, pour en revenir à la Fontaine des Vaux d'Or, comment admettre que, si M. le Cardinal Pierre de Gondi, si surtout l'Évêque de Paris avait outrepassé ses droits, s'il avait envahi leurs domaines et méconnu leurs privilèges, ils n'eussent pas réclamé ? Ils n'auraient pas manqué de faire un procès, soit à lui, soit aux bénéficiaires de la donation, pour violation de leurs propriétés.

Ils n'ont pas interdit ces immenses travaux de canalisation, qui n'ont pu se faire en l'espace d'une nuit (2) et à leur insu ; ils ne s'y sont pas opposés, ils n'ont pas même protesté, ils ont laissé faire ce qu'ils ne pouvaient empêcher.

(1) Archives nationales, LL, 1042.
(2) Les travaux ont duré près de dix-neuf mois, du 7 mai 1606 au 24 novembre 1607. Ce sont les deux dates extrêmes citées dans les mémoires des fontainiers. Voy. p. 46 et 52.

C'est qu'ils n'étaient seigneurs que de ce qui se trouvait à l'intérieur des murs de Suresnes ; c'est que, encore, bien qu'ils aient toujours eu la prétention d'être *exempts*, le territoire sur lequel était établie la canalisation faisait partie, au point de vue féodal, de la Seigneurie de Saint-Cloud, comme l'affirme M. le Cardinal Pierre de Gondi.

Il y a donc eu accord, sinon exprès, du moins tacite.

VII. — L'HISTOIRE DE LA SOURCE
DE 1624 A 1891

Pendant les deux cent soixante-sept ans que comprend cette longue période, les différents propriétaires qui ont succédé à Du Carnoy semblent avoir joui paisiblement des eaux de la Fontaine des Vaux d'Or, sans difficulté, sans trouble, sans précarité.

Il y a lieu pourtant de mentionner un accident arrivé à la canalisation, en 1845, qui se trouve relaté, avec d'intéressants détails, dans un Avis donné officiellement par M. F. Lefaix, ingénieur des ponts et chaussées, chargé du service des eaux de Paris.

MUNE DE SURESNES.

onduite du Veau d'or.

Avis sur les causes des inondations qui se sont manifestées dans la partie amont du chemin du Veau d'or et sur les moyens d'y remédier.

M. Chabrier, propriétaire à Suresnes, possède une conduite assez longue, dont la destination est d'amener des eaux dans sa propriété.

Cette conduite en plomb, de $0^m,041$ de diamètre intérieur, est alimentée par deux regards situés dans le coteau de Saint-Cloud, sur la gauche du chemin du *Veau d'or* et un peu en aval du grand viaduc du chemin de fer de Versailles; elle suit le chemin du Veau d'or jusqu'au chemin de Saint-Cloud à Suresnes; au point de jonction, elle pénètre dans un regard qui renferme un robinet d'arrêt et un robinet de décharge, et paraît ensuite se maintenir sur le dernier chemin jusqu'à la Tourelle située sur la Grande-Rue.

Il y a quelque incertitude sur cette dernière partie du

8

parcours, car on n'a pas trouvé un regard qu'on supposait exister au point V du croquis ci-joint (fig. 20), et on a rencontré, au contraire, une portion de conduite en plomb de $0^m,041$ se dirigeant à travers champs, qu'on a prise d'abord pour un branchement et qui pourrait bien être tout bonnement le prolongement de la conduite principale.

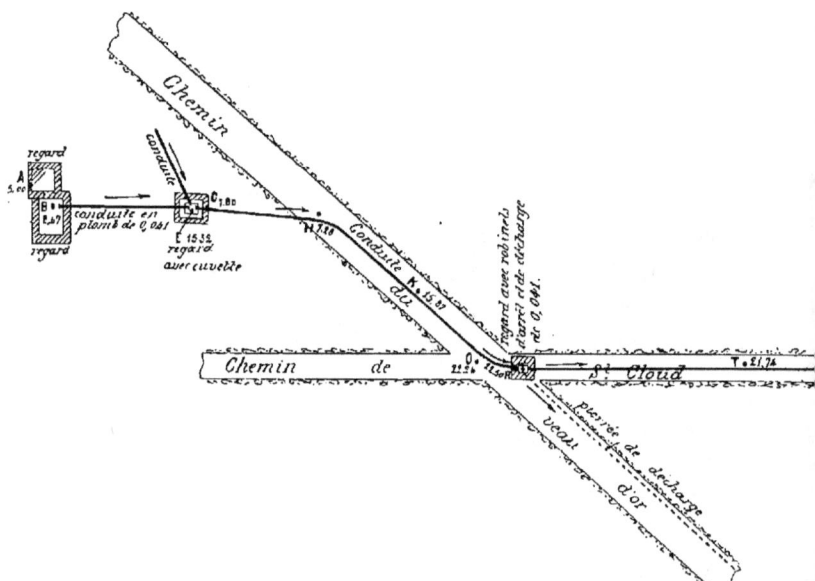

Fig. 20. — Croquis visuel de la direction de la conduite de plomb de $0^m,041$ de c partie amont du chemin du Veau d'or et sur les moyens d'y remédier. Ce p d'eau jusqu'au pied de la Tourelle.

Quoi qu'il en soit, les eaux étant devenues plus abondantes que de coutume, on a remarqué que des terrains, situés à peu près au droit des regards et sur la droite du chemin du Veau d'or, étaient inondés.

On a cru d'abord à des fuites sur la conduite ; on l'a mise à découvert pour les réparer et on n'a rencontré que des suintements insignifiants.

Postérieurement, on a reconnu qu'en ouvrant le robinet de décharge placé dans le regard R, on empêchait les inondations de se produire et que le niveau des eaux baissait alors dans le regard de prise C.

Ces données suffiraient pour établir que la conduite était ou engorgée, ou insuffisante pour débiter avec la charge habituelle le volume des eaux qui arrivait accidentellement.

Pour m'en rendre compte d'une manière plus certaine,

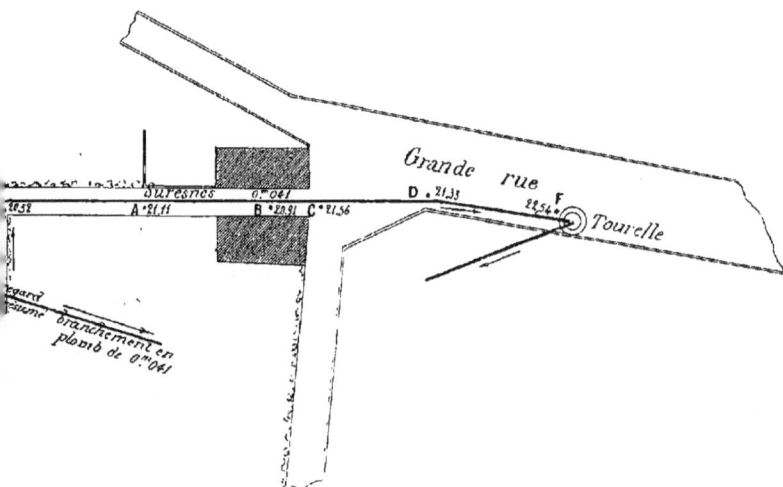

exé à l'*Avis sur les causes des inondations qui se sont manifestées dans la* en outre le profil en longueur depuis l'axe du premier regard de la prise

j'ai fait jauger les eaux affluentes aux regards de prise, chaîner et niveler la conduite depuis ce point de départ jusqu'à l'arrivée dans la Tourelle.

J'ai obtenu de cette manière les résultats ci-dessous :

Volume des eaux, le onze juillet 1845, environ dix pouces et demi de fontainier (1).

Distance entre les points de départ et d'arrivée : 1 009 mètres.

(1) Voy. Rapport de M. Douchain, p. 97.

Différence de niveau entre la prise d'eau et la cuvette de distribution : 6^m,82.

Il en résulte une charge par mètre de 0^m,006759.

Le calcul montre qu'une conduite de 0^m,041 est tout à fait insuffisante pour conduire dix pouces et demi avec cette charge et que le diamètre à adopter doit être de 0^m,081.

La cause des inondations est dès lors parfaitement connue ; il est clair que les eaux, ne trouvant pas d'issue, refluent dans les regards et pierrées et se répandent bientôt dans les terrains voisins en suivant les couches perméables.

Le remède est immédiatement indiqué :

Il faut évidemment permettre l'écoulement des eaux et, pour cela, remplacer la conduite de 0^m,041 par une conduite de 0^m,081.

On profiterait de ce changement pour améliorer le système de couverture des regards et pour établir d'une manière plus convenable la décharge du regard R.

Je pense que, pour exécuter le travail avec toute l'économie possible, il convient de substituer à la conduite en plomb une conduite en tuyaux de tôle galvanisée et bitume, suivant le système Chameroy.

La dépense nette, c'est-à-dire déduction faite de la valeur des plombs retirés, s'élèverait à 4 000 francs.

Savoir :

Terrassements.

Du regard de prise d'eau au regard R.		Longueur	223.60	245.96	553.41	
		Largeur réduite......	1.10			
		Hauteur réduite...........	2.25			
Du regard R au pied de la Tourelle....	1re partie.	Longueur.	246.55	221.90	244.09	
		Largeur..	0.90			
		Hauteur.........	1.10			
	2e partie..	Longueur.	114.35	102.92	123.50	
		Largeur..	0.90			
		Hauteur.........	1.20			
	3e partie..	Longueur.	418.10	376.29	771.39	
		Largeur..	0.90			
		Hauteur.........	2.05			

Total.................... 1 692.39

Les 1 692^m,39 cubes de déblai et de remblai à 0.90......... 1 523.15

Fontainerie.

1009 de tuyau de 0.081 en tôle galvanisée et bitume pour fourniture et pose à 1.50..............................	5 549.50
Plus-value pour cinq tuyaux coudés et pour transport de Paris à pied d'œuvre................................	75.00
Fourniture et pose d'une soupape en cuivre de 0^m,108 de diamètre dans le regard de prise d'eau..............	50.00
Fourniture d'un robinet d'arrêt de 0^m,06 dans le regard R et pose..................................	120.00
Fourniture et pose de deux robinets de décharge de 0^m,041 à 35 fr. l'un..................................	70.00
Raccords des vieux robinets..............................	30.00
Fourniture des deux regards avec trappes en fonte du modèle des trottoirs et serrures en cuivre................	300.00

Maçonnerie.

Reprise en sous-œuvre du regard R......................	75.00
Raccords divers et puisards de décharge au pied de la Tourelle..................................	55.00
Total....................	7 847.65
A déduire valeur du vieux plomb : 9 081 kilos de plomb provenant de la conduite démontée, à 45 fr. les 100 kilos...	4 086.45
Reste....................	3 761.20
A valoir pour démontage de la conduite en plomb et imprévus..................................	238.80
Montant net de la dépense.......	4 000.00

Paris, le douze août mil huit cent quarante-cinq.

L'ingénieur des ponts et chaussées, chargé du service des eaux de Paris.

Signé : F. Lefaix.

Ensuite est cette mention :

« Enregistré à Paris, deuxième bureau, le 17 mars 1873, folio 39, verso. Reçu trois francs soixante centimes.

Signé : (Illisiblement). »

Il ne semble pas qu'aucun travail de réfection ait été exécuté à la suite de ce rapport.

En 1873, une déperdition d'eau fut constatée dans la canalisation et les propriétaires intéressés (c'étaient alors M. J.-B. Baillière, pour le Château de la Source

8.

et Mme Chabrier, pour le Château de Suresnes), apprirent que la Commune avait placé un tonneau sur le tuyau de plomb qui suit le Chemin des Vaux d'Or, juste à l'endroit où le tuyau était crevé; elle voulait profiter de cet accident pour se créer une source à bon compte.

Les propriétaires demandèrent à la Commune d'enlever le tonneau; la Commune répondit qu'elle ne pouvait autoriser le déplacement du tonneau.

Alors les propriétaires chargèrent M. Douchain, inspecteur du service des eaux de Versailles, Marly, Meudon et Saint-Cloud, de faire les recherches et d'exécuter les travaux nécessaires pour supprimer la prise d'eau établie par la Commune de Suresnes dans le Chemin des Vaux d'Or.

M. Douchain n'eut pas de peine à établir le bien fondé de la réclamation des propriétaires : le jeudi 7 août 1873, il fit, sous les yeux de M. le Maire de Suresnes, l'expérience suivante : il ouvrit le robinet de décharge, dans le regard, à l'angle du Chemin des Vaux d'Or et du Chemin des Pierres; le tonneau se vida instantanément, et on vit, sous le tonneau, le tuyau de la canalisation qui était apparent et percé. La démonstration était faite.

Voici le rapport que rédigea M. Douchain : nous en avons déjà reproduit une partie, lorsque nous avons étudié la question du partage des eaux entre les différents propriétaires (1); l'extrait suivant donne des détails assez intéressants sur les convoitises, que, dès cette époque, la Commune nourrissait à l'endroit de la Fontaine.

(1) Voy. page 94.

*Rapport sur les recherches et réparations faites en 1873
à la Source du Veau d'Or pour la suppression d'une fontaine établie par la Commune de Suresnes dans le
chemin du Veau d'Or.*

L'expérience, faite, le jeudi 7 août 1873, en présence de
M. le Maire de Suresnes et de MM. les Conseillers munici-
paux, ayant démontré que les eaux s'écoulant sur le chemin
du Veau d'or et que la Commune voulait récolter, prove-
naient bien d'une perte sur le tuyau amenant les eaux dans
votre propriété ; la réparation a été faite, ainsi qu'il avait été
convenu.

Ensuite, conformément à mon premier rapport, les travaux, signalés comme urgents, ont été exécutés aux deux
chambres de réunion des sources, sur le territoire de Saint-
Cloud ; ils consistent :

1º Dans l'exhaussement du châssis du regard de la première chambre, située sur la commune de Saint-Cloud, pièce
nº 443 (où elle est figurée) du cadastre, feuille 1ʳᵉ de la section C, dite de la Côte et appartenant à M. Jupin, demeurant rue Melin à Suresnes, pour conserver ledit regard
apparent, et dans l'addition d'une barre de fermeture en fer
munie de deux vis manœuvrées par des clefs différentes.

NOTA. — Dans l'intérieur de cette première chambre, il
n'y a eu aucun travail à faire.

2º Dans l'exhaussement du châssis du deuxième regard,
situé même commune de Saint-Cloud, pièce nº 444 du cadastre, feuille 1ʳᵉ de section C dite de la Côte, appartenant à
M. Eugène Benard, demeurant rue des Seaux-d'eau à
Suresnes, où se trouve une cuvette de réunion ; ledit
regard remonté à la hauteur du sol et fermé par une barre
de fermeture semblable à celle du regard ci-dessus.

Dans l'intérieur, après un nettoyage de la cuvette, la
réparation a été limitée à une reconstruction du mur en
amont de la chambre et à la réfection d'une partie des
enduits en mauvais état.

(Il n'a pas été touché à la cuvette, attendu que le tuyau de départ ne débite le produit de la source qu'à l'aide d'un excédant de pression élevant le niveau de l'eau dans cette cuvette au-dessus de l'arrivée des sources, inconvénient qu'il sera utile de faire disparaître et qui provient des diminutions de diamètre des tuyaux posés en réparation sur le parcours de l'ancienne conduite. Ce fait a été constaté par moi, dans les coudes et dans la dernière réparation.)

Il n'a été également rien fait au tuyau de trop-plein de cette cuvette, attendu que cette opération est liée maintenant au changement de la conduite de départ sur une portion de son parcours.

De même, il n'a été apporté aucune modification au *regard de décharge établi à l'angle du chemin du Veau d'or et de celui de Saint-Cloud, ainsi qu'au regard situé au pan coupé de ce chemin sur le territoire de Suresnes.* Ces deux derniers *regards* sont tracés sur *un plan du 12 août 1845*, enregistré à Paris le 17 mars 1873, indiquant le parcours des tuyaux servant à amener les eaux de la source jusqu'à la Tourelle (1).

Signé : DOUCHAIN.

Saint-Cloud, 27 octobre 1873.

Enregistré à Paris, sixième bureau, folio 50, v. 18, le 8 avril 1874. Reçu 3 fr. 75. Signé : (Illisiblement).

Entre temps et à diverses reprises, il fut nécessaire de faire quelques réparations partielles à la canalisation, et la Commune de Suresnes, à qui les propriétaires s'adressaient pour obtenir l'autorisation réglementaire de voirie, puisqu'il s'agissait de travaux à exécuter sur la voie publique, l'accordait toujours sans la moindre difficulté.

Voici, comme exemple, l'arrêté du Maire rendu en pareille matière, le 27 septembre 1877, sur la demande

(1) Voy. p. 113.

à lui adressée, le 11 septembre 1877, par MM. Lolliot et C*ie* (aujourd'hui MM. Magnan et Bouchereau) et M. J.-B. Baillière; cet arrêté constate la *légitimité de la demande*, le *droit acquis*, etc.

COMMUNE DE SURESNES

Département de la Seine.

Nous, Maire de la Commune de Suresnes,

Vu la pétition en date du 11 septembre 1877, par laquelle, MM. Lolliot et C*ie* et J.-B. Baillière, demeurant à Suresnes, rue de Saint-Cloud, demandent l'autorisation de faire la réparation du regard des eaux qui alimentent leur propriété. Ce regard est situé à l'intersection des Chemins des Vaux d'Or et des Pierres. Ils demandent également que la trappe de fermeture de ce regard soit rétablie apparente pour éviter des recherches ultérieures.

Vu le rapport de l'agent voyer communal en date du 21 courant;

Vu le tarif des droits de voirie approuvé;

Vu la loi des 16-24 août 1790, l'article 52 de la loi du 16 septembre 1807, l'article 10 de celle du 18 juillet 1837;

Vu le projet d'alignement et de nivellement du Chemin des Vaux d'Or (non encore approuvé);

Vu le plan d'alignement approuvé du Chemin vicinal des Pierres;

Considérant que la demande des sieurs Lolliot et C*ie* et J.-B. Baillière est légitime, que le regard dont s'agit existe en vertu d'un droit acquis aux impétrants; que des réparations y peuvent être faites, à charge d'assurer la libre circulation dudit chemin, que d'ailleurs la direction des travaux est

confiée à un ingénieur de l'État, dont la compétence est
incontestable (1).

Arrêtons :

ARTICLE 1er. — Les sieurs Lolliot et Cie et J.-B. Baillière
sont autorisés à exécuter des travaux faisant l'objet de leur
demande, à charge par eux de prendre les mesures propres
à assurer la circulation sur les chemins des Vaux d'Or et
des Pierres.

ART. 2. — Le nivellement projeté indique un remblai de
$0^m,14$ au point indiqué en la demande, mais la trappe pourra
être placée au ras du sol actuel, aux risques et périls des
demandeurs.

ART. 3. — L'alignement définitif du chemin vicinal des
Pierres et celui projeté du chemin des Vaux d'Or sont tracés
par les poteaux indicateurs fichés à l'angle de chaque chemin.

ART. 4. — Le travail ne devra se faire qu'après avoir pris
les précautions qu'indiquera sur place l'architecte communal.

Fait à la Mairie de Suresnes, le 27 septembre 1877.

Le Maire, Signé : HUCHÉ.

Cet arrêté du Maire de Suresnes n'est pas, comme
on le voit, une simple permission de voirie, donnée
dans les termes d'usage, quand il s'agit d'autoriser
une réparation à faire à une construction déjà existante en fait. Il est inconciliable avec l'idée que les
droits des propriétaires aient jamais pu être mis à
néant par une loi quelconque ; il est au contraire en
rapport parfait avec les titres qui existent depuis 1607
et qui établissent que la possession de la canalisation
a toujours existé sans interruption ; il est une reconnaissance formelle de la légitimité de droits séculaires ; il tranche la question d'une façon décisive.

(1) Cet ingénieur de l'État, *dont la compétence est incontestable,*
était M. Douchain. (H. B.)

VIII. -- LES ORIGINES DU PROCÈS

Le 6 avril 1891, le propriétaire du Château de la Source, M. Henri Baillière, et les propriétaires du Château de Suresnes, MM. les docteurs Magnan et Bouchereau, directeurs de la Maison de Santé, forts des précédents qui s'étaient succédé depuis plus de deux cent cinquante ans, s'adressèrent par lettre à M. le Maire de Suresnes, pour lui demander l'autorisation de faire réparer une partie de leur conduite d'eau de la Source des Vaux d'Or.

Le 14 avril 1891, M. le Maire de Suresnes répondait :

J'ai l'honneur de vous faire connaître que j'ai transmis à l'administration vicinale, pour instruction en ce qui la concerne, la demande que vous m'avez adressée le 6 de ce mois, à l'effet d'être autorisés dans la réparation d'une partie de votre conduite d'eau de la source des Vaux d'Or.

Cette demande me fournit l'occasion d'appeler votre attention sur l'état de caducité de la Tourelle, qui renferme votre réservoir et qui par sa saillie sur le trottoir et sur la chaussée de la rue de Saint-Cloud, gêne considérablement la circulation. Il serait utile que vous consentissiez à reporter le réservoir à l'alignement.

Je viens en conséquence, vous prier de me faire connaître quel serait le montant de l'indemnité que vous demanderiez à la Commune, pour l'occupation du terrain qui serait par suite annexé à la voie publique ?

Le Maire (Signé) : CARON.

Voilà bien le véritable but poursuivi par la Commune.

Les propriétaires demandent l'autorisation de réparer la canalisation.

On leur répond que la Tourelle, qui est à cheval sur le mur de clôture du Château de la Source, et qui se trouve par moitié dans la propriété et par moitié dans la rue de Saint-Cloud, est en état de caducité ; que de plus elle gêne la circulation ; que ce serait une occasion pour la démolir.

Mais où a-t-on vu que la Tourelle menaçait ruine : elle est en parfait état ; solidement assise sur ses épaisses fondations, appuyée par les deux contreforts qui rappellent l'ancien arceau de la Porte de Saint-Cloud, elle n'a besoin d'aucune réparation ; d'ailleurs elle ne gêne pas la circulation, puisque, avant et après la Tourelle, la rue de Saint-Cloud a 6 mètres, puisque, du pied de la Tourelle au trottoir opposé, il y a 4 m. 60 de chemin carrossable, puisque la Tourelle ne fait saillie sur la chaussée que de 1 m. 40.

Mais la municipalité espérait déterminer le propriétaire à faire un sacrifice et obtenir la démolition de la Tourelle en échange de l'autorisation de réparer la conduite d'eau.

Les propriétaires du Château de la Source et du Château de Suresnes répondirent à M. le Maire, le 22 juin 1891 :

Nous demandons une prompte réponse sur la question d'autorisation ; un plus long retard nous occasionnerait de graves dommages.

Quant à la question de la Tourelle, on ne saurait mettre à profit, pour la création du réservoir, la partie de la Tourelle qui pénètre dans les jardins, car cette partie même est frappée d'alignement.

Il faudrait donc démolir la Tourelle tout entière.

Nous demandons 10 000 francs d'indemnité.

La Tourelle, ayant des murs dont l'épaisseur varie de 0^m,60 à 1^m,40, est d'une solidité à toute épreuve.

Le 24 juin 1891, M. le Maire répondait aux inté-ressés :

Les travaux de rétablissement de canalisation dont s'agit soulèvent des points tellement délicats que je ne puis prendre la responsabilité de délivrer l'autorisation en de-hors du Conseil municipal.

Le 3 juillet 1891, il écrivait encore :

Il s'agit, en réalité, de l'installation de *nouvelles con-duites*; le Conseil municipal juge qu'il y a lieu pour l'admi-nistration de se mettre en rapport avec les pétitionnaires pour arriver à un arrangement, notamment au sujet de la suppression de votre Tourelle frappée d'alignement.

En fait, la canalisation actuelle est encore, dans quelques parties, celle qui a été posée en 1606 : des réparations successives ont, en plusieurs endroits, nécessité le changement des anciens tuyaux, mais on a constaté par des sondages que souvent les tuyaux neufs en plomb, ayant servi aux réparations, sont d'un diamètre intérieur plus faible que celui de l'ancienne conduite et sont la cause d'engorgements qui amènent fréquemment l'ouverture de fouilles sur la voie publique.

Nous voulions profiter de la prochaine mise en état de viabilité du Chemin des Pierres (1), pour faire, en une seule fois, le changement de la conduite pour rectifier son alignement et son profil de pose.

(1) Voy. p. 20.

En réalité il ne s'est jamais agi d'une canalisation neuve à établir, en vue d'amener une plus grande quantité d'eau ; si nous avons eu la pensée d'augmenter légèrement le diamètre des tuyaux, cela tient à l'emploi de la fonte en remplacement du plomb, et au désir d'éviter les dépôts et les incrustations qui peuvent se produire à la longue.

Le Conseil municipal le savait bien ; il savait que les changements projetés par nous devaient avoir pour avantage d'éviter, pendant de longues années, la réparation des fuites ou la recherche des engorgements sur un terrain livré à la circulation publique.

Mais on revient encore à la question de la Tourelle. Décidément, c'est là qu'est le véritable mobile des difficultés soulevées ; on en trouve la preuve dans les extraits suivants des procès-verbaux des séances du Conseil municipal de Suresnes.

Séance du 10 juillet 1891.

M. Dannery donne lecture du rapport de la commission de voirie sur : Mise à l'alignement du réservoir de MM. Magnan et Henri Baillière, et demande de rétablissement sous la voie publique de la conduite de la source du Vau d'or.

En présence de la nature des travaux demandés par MM. Magnan et Baillière, qui ne paraissent pas consister en une simple réparation, mais en une nouvelle installation de canalisation, devant procurer un débit d'eau plus considérable, la commission estime qu'il y a lieu d'inviter l'administration à se mettre en rapport avec les pétitionnaires, à l'effet d'obtenir d'eux des arrangements, notamment au sujet de la suppression de la partie de la Tourelle frappée d'alignement, rue de Saint-Cloud.

M. le Maire donne ensuite lecture d'une lettre de

M. Meunier Pouthot, qui proteste contre la démolition de cette Tourelle, qui est le dernier vestige de l'enceinte de Suresnes.

Les conclusions de la commission sont adoptées à l'unanimité.

Il y eut même à cette époque (14 juillet 1891) une visite de la Tourelle, faite par la commission du Conseil municipal et, très sérieusement, un des membres de cette commission fit au propriétaire la proposition suivante : il démolirait à ses frais la Tourelle, il la reconstruirait à ses frais, s'il le jugeait utile et il recevrait en échange 15 francs par mètre pour les 3 ou 4 mètres de terrain qu'il abandonnerait à la voie publique.

« D'ailleurs, dit un autre membre de la commission, tout cela vous a été donné par les curés et on sait assez que la Révolution française a aboli toutes les donations faites par les curés. »

Le propriétaire eut beau protester de son respect et de son attachement aux immortels principes de 89, il eut beau dire que les lois révolutionnaires, comme on les a appelées, avaient toujours respecté les droits des tiers ; rien n'y fit ; le siège était fait et le Conseil municipal voulait prendre d'assaut la Tourelle, qui avait résisté aux incursions de l'armée catholique campée à Saint-Cloud, et qui avait vaillamment supporté, depuis 1559, les injures du temps.

Séance du 11 novembre 1891.

Après discussion, la commission estime que la copie de la lettre patente, présentée par MM. Magnan et Baillière à l'appui de la demande de canalisation, ne saurait nullement frapper la Commune de Suresnes.

En conséquence, rejette cette demande, à défaut de propositions compensatrices suffisantes.

M. Saury ne partage pas la manière de voir de la commission et vote contre les conclusions.

Séance du 13 novembre 1891.

Les conclusions de la commission sont adoptées.

M. Basté s'abstient, tant qu'il ne connaîtra pas les contrats subséquents à la lettre patente.

Enfin, le 18 novembre 1891, M. le Maire écrivait à MM. Henri Baillière, Magnan et Bouchereau.

Dans sa dernière séance, tenue le 13 du mois courant, le Conseil municipal a été d'avis que la lettre patente de Mgr le Cardinal de Gondi, Seigneur de la terre de Saint-Cloud, ne pouvait nullement engager la Commune de Suresnes et que vous deviez la jouissance de la canalisation sous les chemins publics à la tolérance des administrations municipales précédentes, aussi bien que de l'administration actuelle.

Entre temps, le 5 octobre 1891, le Maire de Suresnes avait demandé au Préfet de la Seine de lui donner son avis sur le point de savoir :

1° Si la Commune est tenue de supporter une servitude continue, mais non apparente (canalisation);

2° Si elle a le droit de traiter en toute liberté avec MM. Magnan et Henri Baillière au sujet du rétablissement de la canalisation.

Le 21 octobre 1891, le Préfet de la Seine répondait au Maire de Suresnes :

Le Comité consultatif de la préfecture n'a pas à intervenir pour donner des consultations directement aux communes dans leurs différends avec des particuliers.

Le 27 février 1892, MM. Magnan, Bouchereau et Henri Baillière adressaient une requête au Préfet de la Seine :

Les exposants, ne pouvant ainsi laisser discuter un droit de propriété basé sur un titre sérieux, s'adressent à M. le Préfet, pour qu'il ordonne aux agents compétents de son administration de veiller à ce que lesdits exposants puissent faire procéder aux réparations nécessaires de la canalisation, sans toutefois compromettre le service de la voirie, dans les chemins où passe cette canalisation.

Le 30 juin 1892, MM. Henri Baillière, Magnan et Bouchereau, n'ayant pas obtenu satisfaction, firent signifier au Maire de Suresnes une mise en demeure, par exploit de Gavard, huissier à Paris, ayant pour objet de protester contre l'entrave, que, sans raison, il mettait à l'exercice d'un droit absolument indiscutable.

Enfin, le 27 juillet 1892, le Maire de Suresnes prenait un arrêté, qu'il faisait notifier aux requérants :

Vu la pétition en date du 6 avril 1891 ;

Vu le mémoire du 27 février 1892 adressé à M. le Préfet de la Seine ;

Vu la mise en demeure du 30 juin 1892, signifiée à la mairie et tendant à établir un droit de propriété ou de servitude basé sur des titres séculaires, confirmés par possession immémoriale, caractérisé par des ouvrages apparents et autorisations de travaux d'entretien ayant été exécutés ;

Vu la lettre patente du 1er juillet 1607 ;

Vu les délibérations du Conseil municipal en date des 10 juillet et 13 novembre 1891 ;

Considérant que le Seigneur de la terre de Saint-Cloud

n'avait aucune qualité pour engager le territoire de Suresnes et que les pétitionnaires n'ont jusqu'à ce jour produit aucun autre titre que la lettre patente sus visée;

Considérant d'autre part qu'aux termes de l'article 2226 et autres (*sic*) du Code civil, ainsi que de la jurisprudence, on ne peut prescrire le domaine des choses qui ne sont pas dans le commerce et qu'on ne peut, par suite, sur une rue ou sur une partie du domaine public, acquérir de servitude de canalisation par la prescription, sous quelque prétexte et pour quelque motif que ce soit;

Considérant que les tolérances antérieures, s'il en était d'ailleurs justifié, ne peuvent être invoquées légalement pour établir un droit, soit de propriété, soit de servitude;

Considérant que, dans l'intérêt de la Commune et dans l'état actuel de la demande, celle-ci ne saurait être accueillie.

Arrête :

La demande de MM. Bouchereau, Magnan et Henri Baillière n'est pas agréée.

Suresnes, le 27 juillet 1892.

Le maire,

CARON.

IX. — LE PROCÈS EN 1ʳᵉ INSTANCE

En présence du refus qui leur était opposé, les propriétaires du Château de la Source et du Château de Suresnes ont été obligés d'assigner le Maire de Suresnes et la Commune de Suresnes devant le Tribunal civil de la Seine, le 31 décembre 1892, pour faire reconnaître leurs droits de propriété méconnus et contestés.

Pour :
Voir dire que les demandeurs étaient propriétaires de la Source des Vaux d'Or, de ses dépendances, ainsi que de la canalisation de ses eaux ;
Voir dire qu'en s'opposant à l'exercice, par les demandeurs, des droits à eux conférés par leurs titres de propriété, M. le Maire de Suresnes leur avait causé un préjudice, dont il devait réparation ;
Se voir condamner, tant en sa dite qualité que personnellement, les défendeurs, à payer aux demandeurs conjointement une somme de 10 000 francs à titre de dommages-intérêts, et en outre en tous les dépens, sous toutes réserves notamment de former une demande complémentaire pour de plus amples dommages-intérêts.

Le 26 avril 1893, M. le Maire de la Commune de Suresnes signifia des conclusions tendant à ce qu'il plût au Tribunal :

Dire que les demandeurs n'avaient aucun droit de propriété ou de servitude sur les voies publiques de la Commune sous lesquelles se trouve la canalisation de la Source des Vaux d'Or ;

Dire que cette canalisation n'existait qu'à l'état de tolérance ;

Dire qu'aucun préjudice ne leur avait été causé du fait de la Commune et que d'ailleurs, ce préjudice ne pouvant résulter que d'arrêtés administratifs, de refus de permissions de voirie, le Tribunal serait incompétent pour en connaître ;

Et les condamner aux dépens.

Quand enfin l'affaire vint à l'audience, nous avons repris par l'organe de nos honorables avocats, Mes Gabriel Debacq et Camille Bouchez, les trois points visés par l'arrêté du Maire, et nous en avons soutenu le mal fondé.

1° *La Commune de Suresnes dit que le Seigneur de la terre de Saint-Cloud n'avait aucune qualité pour engager le territoire de Suresnes.*

Nous répondons que M. de Gondi était un homme trop avisé pour donner ce qui ne lui appartenait pas ; il a permis de faire passer la canalisation sur les sentiers et chemins qui étaient *tous* alors en l'étendue de ses terres et Seigneurie de Saint-Cloud ; c'était son droit (1).

Quant à la Commune de Suresnes, M. le Cardinal de Gondi, en 1607, ne la connaissait pas, elle n'existait pas, elle n'est venue à la vie que lors de la constitution du domaine rural des communes par la loi des 16-24 août 1790. Or, à l'époque où est née la Commune de Suresnes, nous existions déjà dans la personne de nos auteurs. Notre droit avait près de deux cents ans

(1) Voy. p. 54.

d'existence, et la loi de 1790 dit expressément que les droits antérieurs sont respectés et réservés (art. III), que les droits acquis par les particuliers ne sont pas atteints, que seuls les droits usurpés par les seigneurs sont abolis, que les droits sur les chemins que les seigneurs ne tiendraient que de la loi féodale ne pourraient plus dorénavant être invoqués ; le mot *dorénavant* est décisif.

La loi de 1790 n'a donc fait passer le Chemin de Saint-Cloud à Suresnes dans le domaine de la Commune de Suresnes, que sous la réserve des droits qui auraient pu être acquis antérieurement par ou consentis à des tiers.

Les lois postérieures sur l'assiette des chemins n'ont pas modifié davantage l'état de choses existant.

On a dit que la loi du 21 mai 1836 a purgé les droits existant sur les chemins classés et les a rendus imprescriptibles.

Or, la loi de 1836 ne reconnaît qu'aux arrêtés de classement dans la voirie vicinale l'effet de purger les droits appartenant à des particuliers sur le sol des parcelles que l'arrêté de classement place dans la voirie vicinale ; mais, le classement n'entraîne pas la confiscation, au détriment des riverains ou de ceux qui ont sur le sol visé par l'arrêté un droit acquis; il faut une préalable indemnité; le classement d'ailleurs n'équivaut pas à une prise de possession et c'est à compter seulement de la prise de possession que court la prescription du droit à l'indemnité. Voici d'ailleurs ce que dit Dalloz(1) :

Dans le cas où l'indemnité est due pour terrains ayant

(1) Dalloz, *Voirie par terre*, p. 343, n° 564.

servi à l'ouverture ou au redressement d'un chemin vicinal, la prescription biennale commence à courir du jour de la dépossession matérielle, et non du jour de l'arrêté ou de la notification de l'arrêté du Préfet qui ordonne l'ouverture ou l'élargissement du chemin.

Le propriétaire n'a aucun moyen d'agir, tant qu'il n'y a pas eu un fait matériel accompli sur sa propriété ; il peut se faire en effet que l'administration abandonne son projet, et que l'arrêté préfectoral ne soit pas suivi d'exécution.

Et plus loin :

Tant que la dépossession n'est pas effective et réelle, la Commune peut abandonner ses projets, et par conséquent les riverains n'ont pas encore à faire constater leurs droits judiciairement.

Enfin, la loi du 20 août 1881 réserve d'une façon absolue, en matière de chemins ruraux, les droits des tiers, à la condition que ces tiers les feront valoir, dans certains délais ayant pour point de départ le moment où, à la suite de formalités nombreuses, la décision de la commission départementale, reconnaissant le caractère de publicité des chemins, aura été publiée et affichée.

En fait, les chemins où passe la canalisation de la Fontaine des Vaux d'Or sont-ils classés ?

La Commune dit bien que la procédure prescrite en matière de classement des chemins existants a été régulièrement suivie et que ces décisions administratives ont eu pour effet légal et nécessaire de libérer de toute servitude le sol des chemins classés.

Mais, il est constant, et non dénié, que le Chemin des Vaux d'Or, au-dessous duquel passe une partie de la canalisation, n'a jamais été classé comme chemin vicinal ; que jamais les formalités de la loi de 1881 n'ont été remplies ; il n'a pas même de nom sur le Plan cadastral. Donc, pour le Chemin des Vaux d'Or, le moyen invoqué par la Commune manque en fait.

Pour le Chemin des Pierres ou de la République, qui comprend une autre partie de la canalisation, si la Commune allègue un arrêté de classement du 31 octobre 1890, il est bien certain que le visa de la loi du 3 mai 1841 sur l'expropriation, que contient cet arrêté, réserve implicitement les droits pouvant appartenir à des tiers. Cet arrêté, en admettant qu'il fût régulier, n'aurait d'ailleurs pas purgé le droit que le propriétaire du Château de la Source exproprié aurait de réclamer une indemnité, puisque l'instance a été introduite dans un délai de moins de deux ans (1); au surplus, il est de doctrine constante que les effets d'un arrêté de classement sont subordonnés, au point de vue de la purge des droits pouvant appartenir à des tiers, à la prise de possession constatée par un procès-verbal.

Or il n'est produit aucun procès-verbal de recolement ou de prise de possession contradictoire avec la prise de possession du propriétaire; l'arrêté invoqué par la Commune est donc sans valeur et il reste acquis que, les droits du propriétaire étant intacts, celui-ci ne peut être dépossédé de sa canalisation que moyennant une juste et légitime indemnité.

2° *La Commune dit encore qu'aux termes de l'article 2226 et autres* (sic) *du Code civil, on ne peut prescrire le domaine des choses qui ne sont point dans le commerce; que les chemins empruntés par la canalisation étaient affectés à l'usage public, que cette affectation*

(1) L'acte introductif d'instance est la mise en demeure du 30 juin 1892. Voy. p. 129.

*suffisait à elle seule à leur donner le caractère de choses
inaliénables et imprescriptibles, que les chemins publics
des Communes ou Seigneuries, même au cours du régime
féodal, étaient la propriété du Roi, que les seigneurs
n'avaient sur les chemins publics de leurs Seigneuries
que des droits de voyers, et que, par suite, les propriétaires du Château de la Source et du Château de Suresnes
n'ont pu acquérir de servitude de canalisation par
prescription sur une rue.*

Mais d'abord les sentes, sentiers et aysances (ce
sont les noms donnés, dans les titres de propriété,
dans les documents et dans les plans, aux chemins
sur lesquels passe la canalisation) n'ont jamais été
des chemins publics; nous l'avons surabondamment
démontré (1).

Il suffit de voir sur place l'état actuel de la Sente
des Convalons (fig. 21) ou de la Sente des Trois-
Arpents (fig. 22); la première figure sur le Plan de
1676 (2), avec la même apparence graphique que la
Sente de Saint-Cloud, la seconde n'y figure pas; mais
aucune des deux sentes n'a été élevée, comme la Sente
de Saint-Cloud, à la dignité de *rue*; elles sont encore
aujourd'hui très exactement ce qu'étaient, au commencement du xviie siècle, tous ces sentiers, et en
particulier la Sente de Saint-Cloud; un simple coup
d'œil permet de constater la différence qu'il y a entre
un sentier et ces belles voies pavées et plantées
d'arbres des deux côtés, que l'on a appelées *routes
royales*, puis *routes nationales*, que Louis XIV avait
créées pour le conduire à ses châteaux royaux et maisons de plaisance, et dont on voit encore les vestiges

(1) Voy. p. 19.
(2) Voy. p. 14.

Fig. 21. — La Sente des Convalous, d'après une photographie
de M. Maurice Baillière.

Fig. 22. — La Sente des Trois-Arpents, d'après une photographie
de M. Maurice Baillière.

aux environs de Meudon, de Marly et de Versailles.

Et puis, qui donc a parlé de prescription? Qui donc a dit que la propriété de la Fontaine des Vaux d'Or et de la canalisation avait été acquise par prescription à l'encontre de la Commune? Nous savons parfaitement que l'on ne prescrit pas contre les communes.

Notre droit de propriété ou de servitude résulte de la donation faite par M. le Cardinal de Gondi : il n'est pas besoin d'aller chercher ailleurs une origine qui se suffit à elle-même.

Nous étions propriétaires de la canalisation dès 1607, c'est-à-dire deux cent quatre-vingt-trois ans avant la constitution du domaine public communal (août 1790), et propriétaires nous sommes restés après cette constitution; les chemins, qui, en 1790, nous ne saurions trop le répéter, n'étaient que de simples sentiers, ne sont entrés dans le domaine de la Commune de Suresnes que dans l'état où ils étaient, c'est-à-dire grevés en l'espèce d'une servitude d'aqueduc.

Mais, en admettant, pour un instant et par hypothèse, que la donation de 1607 ne soit pas constatée par un titre régulier, que M. de Gondi ne fût pas Seigneur de Saint-Cloud, que ce fût un autre seigneur quelconque qui ait eu dans son domaine le territoire situé entre Saint-Cloud et Suresnes, comme il est bien certain que ces chemins n'ont jamais fait partie du domaine royal, nos auteurs pouvaient acquérir par prescription.

A dater de 1607, ils ont possédé d'une façon ininterrompue, en vertu de titres, *animo domini*, la Fontaine, la canalisation, le sous-sol où elle repose; ils ont donc eu tout le temps voulu pour acquérir le droit de conserver leur canalisation là où ils l'avaient placée, et ce contre les propriétaires du sol quels qu'ils fussent, seigneurs de Saint-Cloud ou seigneurs de Suresnes, moines ou abbés de Saint-Germain-des-Prés, ou tout autre.

En tout cas, et c'est là qu'il faut en revenir, avant 1790, il n'était pas encore question de la Commune de Suresnes, il n'était pas besoin d'attendre qu'elle vînt à naître pour que la prescription prît son point de départ; elle était acquise depuis longtemps contre quiconque aurait pu se prétendre propriétaire de ces sentiers.

Pour faire disparaître le droit résultant de pareille possession, assortie de pareils titres, il faudrait que la Commune démontrât non seulement que M. de Gondi n'avait pas qualité de faire ce qu'il a fait, mais que le sol où repose la canalisation était imprescriptible.

Ce qu'elle devrait démontrer, c'est que cette portion du sol dépendait du domaine public royal ; or, elle ne l'essaie même pas.

La possession a continué après 1790 et jusqu'en 1890, sans être contredite par aucun acte quelconque, émanant de la Commune ou de qui que ce soit.

En conséquence, peu importe qu'elle établisse qu'une portion des parcelles où repose la canalisation dépendait non de Saint-Cloud, mais de Suresnes.

3° *La Commune dit enfin que les tolérances antérieures, s'il en était d'ailleurs justifié, ne pourraient être invoquées légalement pour établir un droit, soit de propriété, soit de servitude.*

Nous croyons que la Commune de Suresnes a vite mis en oubli sa propre histoire.

Pour ne citer que des faits relativement récents,

nous rappellerons qu'en 1845, M. Lefaix, ingénieur des Ponts et Chaussées, a fait un rapport officiel sur les causes des inondations qui se sont manifestées dans la partie amont du Chemin des Vaux d'Or, et que ce rapport porte en tête, comme les pièces officielles : *Commune de Suresnes* : il suffit de se reporter à cette pièce (1), pour se convaincre que l'administration des Ponts et Chaussées avait expressément reconnu les droits de nos auteurs.

Elle oublie surtout que, le 27 septembre 1877, le Maire de Suresnes a pris un arrêté, aux termes duquel sont reconnues la légitimité de la demande et la réalité des droits acquis (2).

Ces deux faits sont inconciliables avec la prétention actuelle de la Commune.

Ce qui peut expliquer, sinon excuser, ce manque de mémoire, c'est le fait suivant.

Au mois de novembre 1899, nous nous sommes rendus à la mairie de Suresnes, pour demander en communication le registre des arrêtés du Maire en 1877, le registre des alignements et le registre des droits de voirie, ces derniers mentionnés sur l'original de l'arrêté du Maire du 27 septembre 1877.

Or nous avons constaté que le registre des arrêtés du Maire, en 1877, ne contient pas la copie de l'arrêté du 27 septembre ; qu'il ne renferme même aucun arrêté pris entre le mois de mai et le mois de novembre ; que le registre des alignements et le registre des droits de voirie, d'après la déclaration qui nous a été faite, sont inconnus dans les bureaux de la mairie.

Et cependant, la pièce originale, avec la signature

(1) Voy. p. 113.
(2) Voy. p. 121.

autographe du Maire et le cachet de la mairie, est
entre nos mains.

Mais ces oublis de la part de la Commune ne
peuvent rien contre les droits acquis.

La première chambre du Tribunal civil, après avoir
entendu les plaidoiries de Mᵉ Gabriel Debacq, pour
M. Henri Baillière ; de Mᵉ Camille Bouchez, pour
MM. Magnan et Bouchereau : de Mᵉ Genest, pour la
Commune de Suresnes, a rendu, le 10 juillet 1896, le
jugement suivant :

Attendu que le Tribunal n'a pas en l'état tous les éléments nécessaires à la solution du litige.

Par ces motifs :

Avant faire droit :

Commet Lecœur, ingénieur des Ponts et Chaussées en
retraite, lequel en cas d'empêchement sera remplacé par
Ordonnance du Président de cette chambre, rendue sur
simple requête, pour, après avoir prêté le serment prescrit
par la loi :

1° Rechercher quelles étaient, du côté des « Vaux d'Or »,
les limites des Seigneuries de Saint-Cloud et de Suresnes,
en 1607.

2° Rechercher en quoi consiste la canalisation qui amène
les eaux de la Source des Vaux d'Or dans la Tourelle, sise à
Suresnes, rue de Saint-Cloud et appartenant au sieur Baillière, dresser les plans de cette canalisation, préciser les
endroits où sont placés des regards et en quoi ils consistent,
vérifier s'ils sont apparents ou non et, dans les cas où ils
auraient été apparents, rechercher à quelle époque et par
suite de quelles circonstances ils auraient déjà cessé de
l'être ; relever tous autres signes, d'où pourrait résulter l'apparence de la conduite d'eau ;

3° Déterminer les caractères qu'ont revêtu successivement les chemins et rues traversés par la canalisation, par suite des classements et déclassements dont ils ont été l'objet, les largeurs qui leur ont été attribuées par les actes administratifs et préciser le régime auquel ils sont actuellement soumis.

L'autorise à s'entourer de tous renseignements, à consulter tous titres, plans et documents et à recueillir les explications des parties, pour, le rapport déposé, être conclu et statué ce qu'il appartiendra.

Tous droits, moyens, frais et dépens réservés.

X X. — LE PROCÈS DEVANT LA COUR D'APPEL

Le propriétaire du Château de la Source crut devoir interjeter appel du jugement du 10 juillet 1896.

Reprenons les trois points qui devaient faire l'objet de la mission confiée à l'expert désigné par le Tribunal; nous allons les discuter.

1° *Quelles étaient les limites des Seigneuries de Saint-Cloud et de Suresnes en 1607 ?*

Il a toujours paru au propriétaire du Château de la Source que l'acte de donation de 1607 tranchait la question d'une façon décisive.

M. de Gondi affirme que les chemins que doit suivre sa canalisation sont *tous* sur le territoire de sa Seigneurie : il semble que M. de Gondi, mieux que personne, devait savoir quelles en étaient les limites, puisque, en même temps que propriétaire et donateur, il était Seigneur de Saint-Cloud.

D'ailleurs, la connaissance de cette délimitation est au moins inutile, car la thèse juridique soutenue par le propriétaire du Château de la Source est indépendante de ces limites.

Et puis, en admettant que ce problème de géographie historique se posât, et qu'il pût recevoir une solution, un ingénieur des Ponts et Chaussées en retraite avait-il bien qualité pour le résoudre?

C'était plutôt à un archiviste paléographe qu'il aurait fallu confier cette mission.

Et encore ?

2° En quoi consiste la canalisation? en dresser les plans, préciser où sont placés les regards.

Mais le chemin que suit la canalisation est certain, il n'a pas besoin d'être déterminé par des recherches d'une nature quelconque; la Commune le connaît bien, puisque, le 12 août 1845, M. Lefaix, ingénieur des Ponts et Chaussées, chargé du service des eaux de Paris, lorsqu'il a donné son avis sur les causes des inondations qui se sont manifestées dans le Chemin des Vaux d'Or, a dressé un plan officiel de cette canalisation (1); l'original est sans doute à la Mairie de Suresnes; en tout cas, nous en possédons une copie, qui porte cette mention :

Pour copie conforme, le 15 mars 1873, signé : Allemont, architecte, 30, boulevard du Temple.

Enregistré à Paris, 2ᵉ bureau, le 17 mars 1873, folio 39, Verso, Case 6, reçu 3 fr. 60, signé : Fabre.

Ce plan contient :

1° Le profil en longueur, depuis l'axe du premier regard de la prise d'eau jusqu'au pied de la Tourelle;

2° Le croquis visuel de la direction de la conduite de plomb de $0^m,041$ de diamètre.

Il est encore une autre circonstance qui prouve que la Commune de Suresnes connaît très bien le tracé de la canalisation ; c'est l'arrêté du Maire du 27 septembre 1877 (2), qui est inconciliable avec l'ignorance voulue d'aujourd'hui.

La Commune n'ignore pas davantage qu'il y a des regards, et où ils sont placés, car ils figurent sur le

(1) Voy. p. 114, l'*Avis sur les causes des inondations.*
(2) Voy. p. 121.

plan de M. Lefaix en 1845 ; ils sont de plus mentionnés dans l'arrêté du Maire du 27 septembre 1877 ; c'est
même à l'occasion de réparations à faire à l'un des
regards, qu'une demande avait été adressée à la
mairie et que l'autorisation sollicitée avait été
accordée.

3° *Quels sont les caractères des chemins et rues traversés par la canalisation?*

Sur ce point, tout le monde est d'accord.

Le propriétaire du Château de la Source et la
Commune de Suresnes ont exposé, devant le Tribunal, la longue histoire de ces transformations successives, que nous avons résumée (1) : si les sentiers,
les sentes, les chemins, les rues ont vu changer leur
nom, leur classement, leur largeur, etc., la situation
respective des parties en cause n'a jamais été modifiée.

De tout ceci il résulte que le procès ne s'agite pas
au sujet d'une question de fait, mais d'une question
de droit, que l'expertise ordonnée par le jugement du
10 juillet 1896 était absolument inutile et que c'est à
bon droit que l'appel avait été relevé.

Au cours du procès pendant devant la Cour d'appel,
dans le courant de septembre 1898, à propos d'une
affaire étrangère au débat actuel, j'eus l'honneur de
faire visite à M. le Maire de Suresnes et la conversation vint à tomber sur la question de la Source.

M. le Maire voulut bien me dire qu'il était regret-
table d'en arriver à de pareilles extrémités et que
le mieux serait peut-être pour tous de terminer la
difficulté qui nous divisait par une transaction.

(1) Voy. p. 19.

Cette transaction aurait consisté à :

1° Mettre fin au procès actuellement pendant au sujet de la Source des Vaux d'Or.

2° Laisser démolir et reconstruire la Tourelle, aux frais de la Commune, de façon à mettre le mur de la propriété à l'alignement de la rue de Saint-Cloud.

3° Laisser refaire, aux frais de la Commune, la canalisation qui amène l'eau de la Source à la Tourelle, de façon à ne rien perdre dans le trajet parcouru ; l'excédant d'eau reçue actuellement serait attribué à la Commune, qui pourrait en disposer à son gré.

J'ai écouté M. le Maire avec toute l'attention dont je suis capable et je dois dire que les ouvertures qui m'étaient faites ne me parurent pas de nature à être rejetées d'emblée.

Je me réservai seulement d'en parler à mes conseils.

Le 9 décembre 1898, je demandai à M. le Maire de formuler par écrit les propositions qu'il m'avait faites verbalement et qui devaient servir de bases à une entente.

Ici prend place, dans l'ordre chronologique, la séance du Conseil municipal de Suresnes du 16 décembre 1898 ; voici un extrait du procès-verbal.

Séance du 16 décembre 1898.

Rapport de l'Agent voyer de la Commune.

Suivant les instructions de M. le Maire, je me suis entretenu avec Mᵉ Duplan, avoué, sur la proposition faite par M. Baillière, lors de sa deuxième visite à M. le Maire, du 9 décembre 1898, en vue d'une transaction, au sujet du procès en cours d'instance entre la Commune et MM. Baillière et Magnan.

Je lui ai fait connaître que ces messieurs étaient disposés :

1° A faire disparaître la vieille Tourelle, qui est en saillie sur l'alignement approuvé de la rue de Saint-Cloud et à exécuter, à leurs frais, les travaux nécessaires pour clore leur propriété, le tout sans indemnité de la part de la Commune.

2° Après la réparation de leur canalisation et l'exécution des travaux nécessaires au captage plus complet de la Source des Vaux-d'Or, à leurs frais, à remettre à la Commune, qui en disposera à son gré, l'eau qu'ils n'utiliseront pas.

Nota : Il y aura lieu d'étudier comment cette remise pourra être faite et de prendre les mesures nécessaires pour qu'elle ne soit pas laissée à la discrétion absolue de ces messieurs et de leurs serviteurs.

D'accord avec M. Duplan, j'estime que la Commune de son côté pourrait :

1° Reconnaître à ses adversaires le droit de conserver leur canalisation établie sous les voies publiques de Suresnes, la reposer et, s'il y avait lieu, la remplacer, mais sous la réserve que les travaux à exécuter seraient régis par les articles 5, 6. 7, 8, 14, 15 (1er alinéa), et 16 de l'arrêté réglementaire en date du 30 mars 1895.

2° Imposer à MM. Baillière et Magnan une redevance annuelle de 1 franc, pour consacrer le droit de propriété de la Commune sur les voies publiques empruntées par les conduites.

3° Enfin leur imposer également l'obligation d'exécuter à leurs frais exclusifs, sans qu'aucune indemnité puisse être réclamée à la Commune pour quelque motif que ce soit, les travaux que pourrait nécessiter le déplacement de la canalisation, si elle était nécessaire pour l'exécution d'un travail quelconque d'utilité publique, dûment approuvé.

J'ai l'honneur de proposer à M. le Maire de soumettre la question à l'examen de la Commission de voirie; si les bases de la transaction projetée étaient fixées, on pourrait étudier une rédaction contradictoirement avec MM. Baillière et

Magnan et la soumettre ensuite à l'examen des conseils de la Commune et à l'approbation du Conseil municipal.

L'agent-voyer, Signé : LAPIERRE.

La commission est d'avis qu'on pourrait étudier un projet de transaction sur les bases du rapport précité. Elle propose au Conseil de donner à M. le Maire les autorisations nécessaires à cet effet.

M. le Maire fait le résumé de l'affaire et conclut à ce qu'on discute avec les intéressés les bases d'une transaction, qui devrait être ultérieurement soumise au Conseil.

A la suite d'une observation de M. Gamlier sur l'origine du litige, le Conseil autorise M. le Maire à engager les pourparlers sur les bases indiquées.

L'exposé fait au Conseil municipal n'avait qu'un rapport éloigné avec la réalité des faits ; d'abord, dans la conversation de septembre 1898, je n'avais pas fait de propositions, je m'étais contenté d'écouter celles qui m'étaient faites ; de plus, les bases de la transaction avaient été non pas modifiées, mais complètement inversées ; non seulement, je n'avais pas fait la prétendue proposition qu'on me prêtait bien gratuitement, moi qui ai toujours eu conscience de mon droit et qui puisais ma conviction dans l'étude des documents que j'avais entre les mains ; mais, si elle m'avait été faite, dans les termes où elle a été exposée au Conseil municipal, j'aurais immédiatement protesté et il n'aurait été donné aucune suite à ce projet de transaction.

Sans me faire connaître la délibération du Conseil municipal du 16 décembre 1898, M. le Maire m'écrivit, le 23 décembre 1898, en me demandant d'exposer moi-même mes idées sur la question.

Je répondis, le 31 décembre 1898, à M. le Maire, en lui donnant le texte des propositions qu'il m'avait faites lui-même au mois de septembre et que j'avais écrites en sortant de son cabinet.

Le Conseil municipal de Suresnes tint alors une nouvelle séance, le 3 février 1899; en voici le procès-verbal :

Séance du 3 février 1899.

M. le Maire expose qu'à la suite de la délibération prise le 16 décembre 1898, en vue d'une transaction proposée par M. Baillière, au sujet du procès en cours relatif à la canalisation des eaux de la Source des Vaux-d'Or, il a demandé à M. Baillière de vouloir bien résumer ses propositions par écrit.

Dans une lettre du 31 décembre, ce dernier a fait connaître qu'un arrangement pourrait être conclu sur les bases suivantes :

1° Mettre fin au procès qui est actuellement pendant.

2° Laisser démolir et reconstruire, aux frais de la Commune, la Tourelle dont il est propriétaire, de façon à mettre son mur de clôture à l'alignement de la rue de Saint-Cloud.

3° Laisser refaire aux frais de la Commune, la canalisation qui amène l'eau de la Source à la Tourelle, de façon à ne rien perdre dans le trajet parcouru; l'excédant de l'eau reçue actuellement serait attribué à la Commune, pour en disposer à son gré.

M. le Maire ajoute que ces conditions sont en contradiction avec les observations qu'il a échangées avec M. Baillière, dans deux conversations, et il estime que, sans repousser la tentative de conciliation commencée, il convient de maintenir les bases d'arrangement résumées dans la délibération du 16 décembre et de les soumettre aux adversaires de la Commune.

La Commission a adopté cet avis et propose de maintenir

les basés d'arrangement déjà acceptées par le Conseil municipal.

A la suite d'une observation de M. Simon, le Conseil décide le maintien des bases d'arrangement précédemment adoptées.

Par sa lettre du 11 février 1899, M. le Maire me fit connaître le résultat de la délibération du Conseil municipal du 3 février 1899 ; il y joignit un exemplaire de l'arrêté réglementaire du 30 mars 1895, dont il est parlé dans la délibération du 16 décembre 1898.

Je crois utile, pour l'édification du lecteur, de donner la copie de l'article 15 de cet arrêté réglementaire ; cela suffira pour montrer à quel point je devais être dépouillé, si j'avais accepté les conditions qui m'étaient proposées.

Article 15. — Les permissionnaires ou leurs ayants droit seront tenus, sur une simple réquisition, d'ouvrir des tranchées sur les parties de conduite qui leur seraient désignées, pour que l'on puisse s'assurer si elles sont en bon état, et le rétablissement de la voie sera opéré dans les conditions prescrites aux articles 5, 6 et suivants du présent règlement.

Ils seront aussi tenus de changer l'emplacement des conduites, tuyaux ou branchements ou même de supprimer tout à fait ces ouvrages, si l'administration jugeait qu'ils eussent des inconvénients ou qu'ils gênassent l'exécution de travaux publics. Aucune indemnité, de quelque espèce et à quelque titre que ce soit, ne pourra être réclamée par les permissionnaires à raison de ces faits.

On le voit, c'était la dépossession absolue, à courte échéance et sans indemnité, c'était la mort sans phrases.

Je dois dire que je n'ai pas répondu à la lettre du 11 février 1899; j'ai préféré attendre avec confiance l'arrêt que j'avais sollicité de la Cour d'appel de Paris.

Les plaidoiries commencèrent le 24 novembre 1899, et Mᵉ Gabriel Debacq, qui voulait bien encore prêter à M. Henri Baillière l'appui de son talent et l'autorité de sa parole, a su intéresser les juges par le récit des aventures de la Fontaine des Vaux d'Or et porter la conviction dans leur esprit par l'exposé des raisons juridiques qui militaient en faveur de la cause.

Le 1ᵉʳ décembre 1899, Mᵉ Genest a répondu, au nom de la Commune de Suresnes.

Le 8 décembre 1899, M. Trouard-Riolle, substitut du Procureur général, a conclu en faveur de l'appel.

Enfin, le 22 décembre 1899, la Première Chambre de la Cour de Paris, présidée par M. Lefebvre de Viéville, a rendu l'arrêt suivant :

Sur la Recevabilité de l'Appel.

Considérant qu'en se refusant à faire état *de plano* des titres de Baillière et en ordonnant une expertise circonstanciée, les premiers juges ont nettement indiqué les conditions et événements auxquels ils subordonnaient la décision définitive ;

Qu'il y a ainsi préjugé au fond ;

Qu'en conséquence le jugement est interlocutoire, et qu'appel a pu régulièrement être interjeté ;

Considérant que la Cour possède les éléments nécessaires pour statuer sur le fond, dont il est saisi par les conclusions des parties ;

Que la cause est donc en état et qu'il échet d'évoquer ;

Au fond :

Considérant que la Commune de Suresnes a formellement déclaré « qu'elle n'a jamais entendu contester la propriété de la Source des Vaux d'Or, non plus que ses dépendances et la canalisation des eaux ; qu'elle ne poursuit même pas la suppression de cette canalisation ; qu'elle soutient simplement qu'elle n'existe qu'à l'état de tolérance et entend la soumettre à l'application des règlements ordinaires en la matière. »

Considérant que, par lettres-patentes en date du 1er juillet 1607, le Cardinal de Gondi, Évêque de Paris, Seigneur de la Terre et Seigneurie et Prévosté de Saint-Cloud, se disant « averti qu'il existait une Fontaine sur sa dite Terre, Prévosté, Chastellenie et Seigneurie, qui demeure inutile et au contraire apporte beaucoup de dégast et incommodité aux vignes et héritages au long desquels elle prend son cours et sur la dite terre de Saint-Cloud et Suresnes, où elle est assise en un lieu vulgairement appelé les Vaux d'or, voulant plustôt qu'elle serve aux sieurs Aubéry, Conseiller du Roy et Maître des Requêtes en son Hostel, et Albin du Carnoy, Orfebvre et Valet de chambre du Roy », a fait « don » à ces derniers de ladite Fontaine et leur a permis « de faire enclore de murailles le bassin d'icelle, d'en faire conduire l'eau depuis la source susdite jusques en leurs maisons sises audict lieu et village de Suresnes, avecq canaulx et regards le long des sentiers et des chemins, *qui sont tous en l'estendue des dites Terre et Seigneurie de Saint-Cloud*, à la charge de deux deniers de cens par chacun an » ; enjoignant en outre à ses Prévost, lieutenant, procureur fiscal, justiciers et officiers du dit Saint-Cloud, « de laisser souffrir, jouir et user pleinement et paisiblement les dits Aubéry et du Carnoy de ladite Fontaine, aux charges ci-dessus, sans souffrir qu'il leur soit fait à venir aucun trouble ou empêchement ».

Considérant qu'on ne peut voir dans ces lettres-patentes, qui furent enregistrées à la requête des impétrants, le 27 novembre suivant, au greffe de la justice de Saint-Cloud, la délivrance d'une simple permission de voirie, essentiellement temporaire et révocable de sa nature;

Qu'il est impossible de méconnaître que les termes, l'esprit et la portée de leurs dispositions, sont constitutifs d'une véritable servitude de prise d'eau et d'aqueduc;

Qu'elles reçurent aussitôt une exécution complète et conforme à leur teneur, par l'établissement dans le sol des sentes et chemins y désignés (aujourd'hui chemin rural dit des Vaux d'Or, chemin vicinal ordinaire n° 2, dit rue de la République et anciennement rue des Pierres, place Eugène Sue et rue de Saint-Cloud), d'une canalisation d'adduction se poursuivant jusqu'aux maisons appartenant alors à Aubéry et du Carnoy;

Considérant que, depuis l'année 1607, jusqu'à ce jour, la canalisation ainsi établie n'a cessé de fonctionner, et que l'eau de la Fontaine des Vaux d'Or continue de fluer à son point ancien d'arrivée aux dites maisons, dans une Tourelle qui est aujourd'hui la propriété de Baillière, l'appelant au procès;

Que celui-ci, par des titres successifs et réguliers, justifie qu'il est un des ayants droit d'Aubéry et de du Carnoy;

Considérant que la Commune de Suresnes oppose à la prétention de l'appelant d'être le bénéficiaire d'une véritable servitude, que, même en admettant que le Cardinal de Gondi ait eu qualité, comme Seigneur de Saint-Cloud, pour consentir au passage de l'eau sur les chemins situés dans sa Seigneurie, il n'avait pu valablement étendre sa permission ou sa concession sur les voies publiques qui se trouvaient en dehors de cette Seigneurie et sur le territoire de Suresnes.

Mais considérant, sur ce point, que la Commune ne rapporte ni ne demande à administrer la preuve que, contrairement aux lettres-patentes du 1er juillet 1607, qui précisent que les sentes et chemins à occuper la canalisation « sont tous en l'étendue des Terre et Seigneurie de Saint-Cloud », les droits seigneuriaux du Cardinal de Gondi ne s'étendaient point à cette époque sur tout le parcours des dits chemins et sentes jusqu'aux maisons d'Aubéry et de du Carnoy ;

Que sa prétention demeure sur ce point à l'état de pure allégation.

Considérant que, sous l'ancien droit, les seigneurs étaient propriétaires des chemins publics, *viæ vicinales*, qui se trouvaient dans le territoire de leur justice ;

Que tout concourt à démontrer que les droits du Cardinal de Gondi portaient réellement sur les chemins par où l'eau devait être amenée aux maisons pré-indiquées, sises proche du bourg de Suresnes ;

Qu'il est peu vraisemblable qu'il ait alors aussi ostensiblement empiété sur les droits d'une seigneurie voisine, par une concession publique et formelle ;

Que des fouilles et tranchées considérables furent opérées aussitôt à grands frais sur tout le développement des chemins pour l'incorporation de la conduite d'eau, et qu'aucune opposition ne fut faite à l'exécution de ces travaux gênants, importants et de longue durée ;

Considérant, il est vrai, qu'une réclamation fut portée en l'année 1615 devant le Parlement de Paris par les Religieuses de l'Abbaye de Longchamp, qui prétendaient avoir le droit ancien de prendre l'eau des sources des Vaux d'or pour la conduire dans leur couvent ; mais que l'étendue de la juridiction et de l'autorité du Cardinal de Gondi ne fut nullement mise en cause à cette époque, si voisine cependant de la date des lettres-patentes ; que bien au contraire l'arrêt des Requêtes qui intervint sur ce différend, le 23 décembre 1624, et qui reconnut à l'Abbaye le droit de prélever sur les sources une quantité d'eau déterminée, spécifia que les Religieuses pourraient prendre cette part et portion, à leur choix, au bassin de la source « ou bien au lieu où Aubéry et consorts ont conduit les eaux de ladite Fontaine » ;

Considérant que jamais, depuis près de trois siècles,

aucune contradiction ne paraît s'être élevée sur la nature, la validité ou l'étendue du droit aujourd'hui contesté par la Commune de Suresnes, que celle-ci ne s'est à aucune époque opposée, avant le procès actuel, à ce qu'il soit fait à la canalisation les réfections et réparations devenues nécessaires ;

Que notamment un arrêté du Maire, en date du 27 septembre 1877, autorise Baillière à faire les réparations que comporte le regard qui existe à l'intersection des chemins des Vaux d'or et des Pierres, « regard qui existe, porte cet acte administratif, en vertu d'un droit acquis » ;

Considérant qu'il résulte ainsi des faits, circonstances et présomptions, aussi bien que des énonciations du titre, la preuve que la concession de 1607 procède *a domino*, et ne peut être querellée dans son principe et son origine ;

Considérant que les chemins publics qui appartenaient aux seigneurs ne sont entrés dans le domaine municipal par l'effet des lois de la Révolution, après l'abolition du régime féodal et de la justice seigneuriale, que sous la réserve des démembrements de propriété antérieurement établis, et moyennant le maintien des droits réels valablement existants ;

Que vainement la Commune a soutenu que les bénéficiaires des lettres-patentes de 1607 s'étant soumis envers le Seigneur de Saint-Cloud, au paiement d'une redevance de deux deniers de cens, qui a cessé d'être payée depuis la Révolution, les droits qui formaient la contre-partie de cette redevance se sont trouvés par cela même éteints.

Considérant que les charges sous lesquelles les concessions seigneuriales étaient généralement octroyées n'étaient point considérées comme le prix ou l'équivalent de ces concessions ; que les lois abolitives de la féodalité n'ont point porté atteinte aux concessions elles-mêmes, objet principal et pour ainsi dire exclusif du contrat, et que leur unique effet a été, dans ce cas, d'affranchir le concessionnaire des charges ou prestations à lui imposées ;

Considérant que les déclarations de vicinalité dont aurait

été l'objet, sur le territoire de Suresnes, depuis la loi du 21 mai 1836, une partie des voies publiques empruntées par la canalisation en litige, ont pu sans doute avoir pour effet légal d'affranchir, en principe, le sol du chemin classé, du droit réel dont celui-ci se trouvait grevé au profit de Baillière; mais qu'il n'en est ainsi que sous la condition corrélative, en faveur de ce dernier, de l'action en indemnité qu'il lui appartient de faire valoir, s'il est de fait et matériellement passé outre à sa dépossession de la servitude;

Considérant que, d'autre part, la Commune ne saurait faire état des arrêtés de reconnaissance, dont d'autres et plus considérables parties de ces chemins ont pu être également l'objet; que de tels actes, ne procédant que sous la réserve des droits des tiers, n'attribuent aucun droit à la Commune et laissent entières les questions de droit réel intéressant les dits chemins;

Considérant, au résultat de toutes les considérations qui précèdent, que le droit de servitude invoqué par Baillière ressortissant comme fondé en titre, il devient sans intérêt de rechercher subsidiairement s'il a pu être acquis par prescription, au temps où les chemins empruntés par l'aqueduc étaient susceptibles de possession privative utile de la part des particuliers.

Sur la demande de dommages-intérêts.

Considérant que cette demande est fondée sur le prétendu dommage qu'aurait causé à l'appelant le refus du Maire de Suresnes, consigné dans son arrêté du 26 juillet 1892, d'autoriser Baillière et consorts, sur la demande par eux faite, en matière de voirie, à faire réparer une partie de leur canalisation comprise entre le chemin des Vaux d'Or et le réservoir de distribution situé rue de Saint-Cloud;

Considérant que si Baillière conclut devant la Cour à l'adjudication sur ce point de ses conclusions de première instance, lesquelles ont été prises contre le Maire, tant en son nom personnel que comme représentant la Commune, il résulte du texte explicatif de ses conclusions et de l'état de la procédure d'appel, que Baillière a renoncé à sa poursuite contre le Maire pris personnellement, et que seule la Commune demeure en cause ;

Considérant que, même en supposant que l'arrêté sus-visé ne constituât pas, à raison des circonstances et des préoccupations qui l'ont inspiré, un de ces actes de police qui ne peuvent donner ouverture à la responsabilité des Communes, il est hors de doute que cet arrêté a le caractère d'un acte administratif, dont les conséquences, prétendues dommageables, ne sont pas de nature à être appréciées par la juridiction civile.

Par ces motifs :

Sans s'arrêter à aucuns moyens, fins ou exceptions contraires des parties, lesquels sont rejetés ;

Dit recevable l'appel interjeté par Baillière du jugement rendu par le Tribunal civil de la Seine, le 10 juillet 1896 ;

Reçoit ledit appel ;

Ce faisant, infirme ce jugement ;

Et procédant par nouveau jugé,

Dit que la canalisation appartenant à Baillière et qui est incorporée au sol des voies publiques dénommées au présent arrêt, dans le territoire de la Commune de Suresnes, jusques à la Tourelle qui contient le bassin où arrivent les eaux, existe non à titre précaire et révocable, mais à titre de droit réel et de servitude,

Dit la demande de dommages-intérêts, sinon irrecevable, tout au moins hors de la compétence de la Cour ;

Condamne la Commune de Suresnes en tous les dépens de première instance et d'appel ;

Ordonne la restitution de l'amende consignée.

Je n'ai rien à ajouter; la Cour a fait bonne justice en replaçant la question sur son véritable terrain et en donnant la solution du problème qui lui était posé.

Cet arrêt confirme la donation de 1607 et l'arrêt de 1624 ; c'est aujourd'hui un titre de propriété, qui s'ajoute à ceux que je possédais déjà et qui donne une nouvelle force à des droits séculaires.

On parle beaucoup des lenteurs de la procédure, nos pères n'étaient ni plus ni moins favorisés que nous: le procès intenté par les Dames de l'Humilité de Longchamp, commencé le 20 mars 1615, n'a fini que le 23 décembre 1624, et a duré neuf ans et sept mois ; celui que j'ai intenté à la Commune de Suresnes a commencé le 30 juin 1892 et n'a fini que le 22 décembre 1899, il a duré sept ans et six mois : nous sommes donc en progrès. Mais par une coïncidence bizarre, c'est, dans le premier cas, le 23 décembre 1624, dans le second, le 22 décembre 1899, que la sentence définitive a été rendue.

L'arrêt de la Première Chambre de la Cour d'appel de Paris a été signifié le 10 février 1900; la Commune de Suresnes n'a pas formé de pourvoi en Cassation, dans le délai imparti par la loi ; en conséquence, l'arrêt a acquis l'autorité de la chose jugée.

J'espère que les mésaventures de la Fontaine des Vaux d'Or sont finies.

Heureuses les sources qui n'ont pas d'histoire.

TABLE DES MATIÈRES

                                                                    Pages.

Avant-propos...   5

   I. — Le Territoire de Suresnes...........................   9

  II. — Le Château de la Source............................ 23

 III. — La Tourelle de la Porte de Saint-Cloud.............. 39

 IV. — La Fontaine des Vaux d'Or........................ 45

  V. — Les Premières difficultés......................... 71

 VI. — Les Religieux de Saint-Germain-des-Prés............ 99

VII. — L'Histoire de la Source de 1624 à 1891............... 113

VIII. — Les Origines du procès.......................... 123

 IX. — Le Procès en 1re instance......................... 131

  X. — Le Procès devant la Cour d'appel...... 143

8769-00. — Corbeil. Imprimerie Éd. Crété.

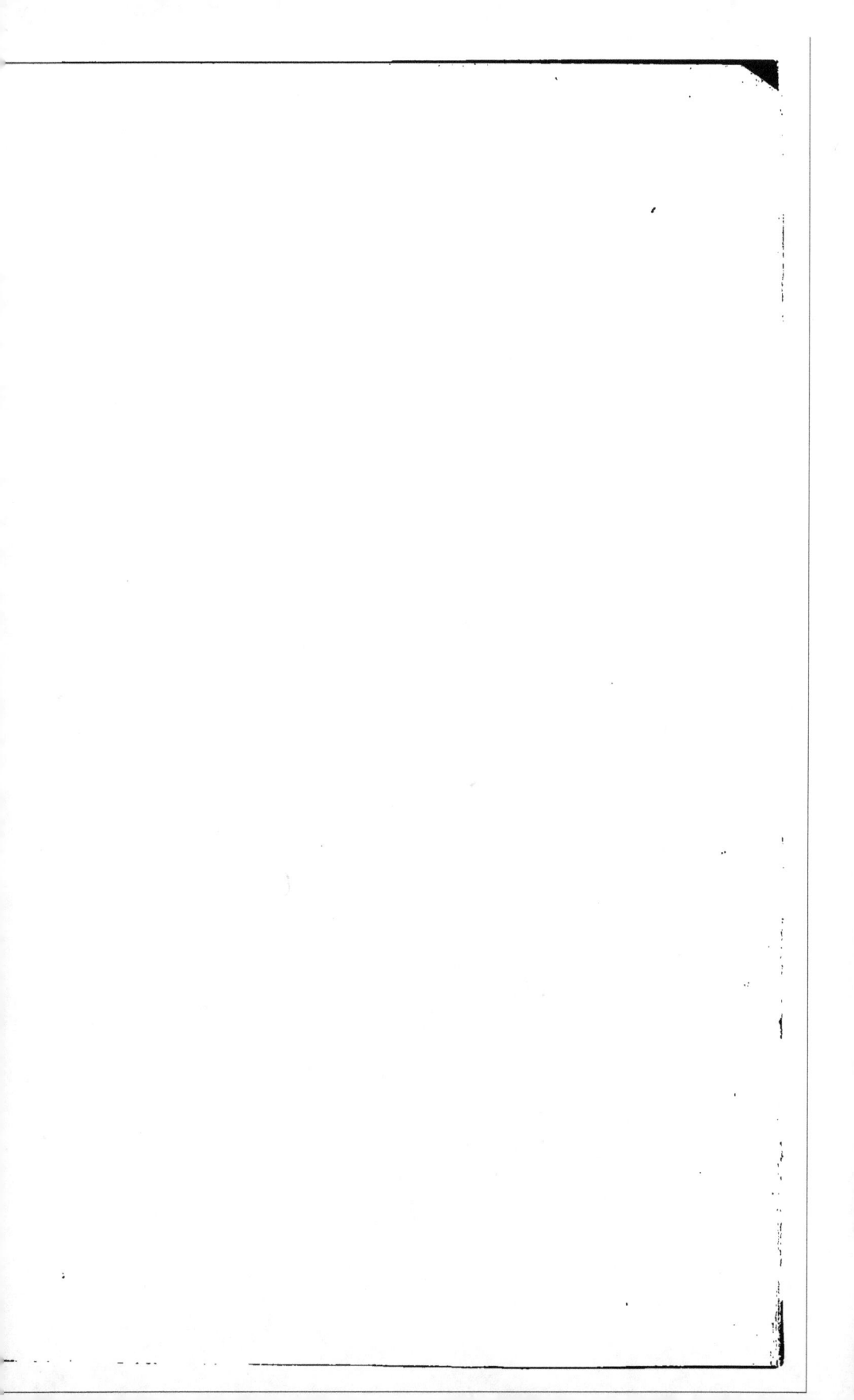

CORBEIL. — IMPRIMERIE ÉD. CRÉTÉ.

www.ingramcontent.com/pod-product-compliance
Lightning Source LLC
Chambersburg PA
CBHW052357090426
42739CB00011B/2398